U0931601

# 將軍澳，可以這麼說

「在地研習室｜將軍澳，可以這麼說」共創團隊合著

研究所
字字

# 目錄



日常

## 在將軍澳好好生活

空間

## 可以觀、可以遊、可以居

文化

## 踱踱步——走進在地文化地景



自然

## 自然而然，從自然而言



說明

一個地方，牽連着千絲萬縷。本書文章以圈內數字表示讀者可跳到相關編號文章作延伸閱讀。

例：〈變化中的尚德商場〉文中的②，代表讀者可參考編號 2 的文章——〈重新發現厚德商場〉作為補充資料。

穿梭

## 穿梭、穿越、穿透將軍澳



邊陲

## 上山下海，城市邊陲即另一開端

## 序

# 地方指南：撕下標籤引路去

樊樂怡（創不同協作策劃人）

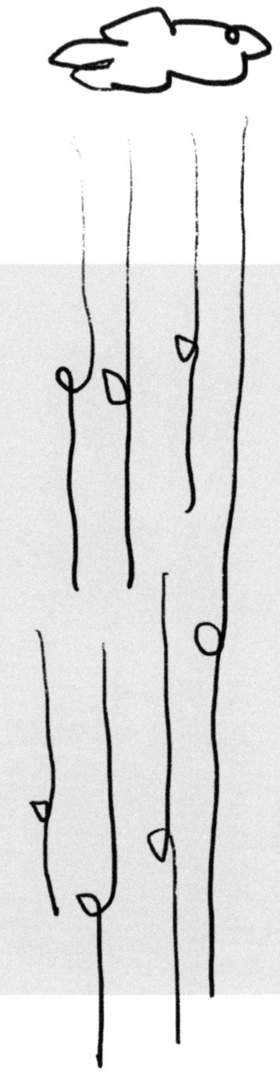

這本地方指南由「在地研習室｜將軍澳，可以這麼説」參加者共同編寫，工作坊屬於「香港賽馬會社區資助計劃 –“創不同”學院」旗下項目。“創不同”學院每年招募參加者一同探索社區議題，並且以共創作品引起更廣泛的關注和討論。歷年走過的社區包括深水埗、西營盤、土瓜灣、觀塘、大埔等等，多是公認有豐厚文化歷史、「有趣」的區域。為何今次選擇將軍澳，一個貼着不少負面標籤的第三代新市鎮？

一回在滂沱大雨的下午坐巴士，巴士駛至上環時，一男一女上車，坐到我對面。女士説，下雨天在上環不好走，比較喜歡將軍澳，出入不受天雨影響。男士回應：舊區小店與景物琳琅滿目，將軍澳只得商場，千人一面有何樂趣可言？

以上經歷，是這次企劃的眾多原點之一。我本是跟那位男士同一陣線，認為將軍澳沒有街道生活、沒有文化氣息、不符合人的尺度、都是填海地沒有歷史感。實情是，這新市鎮已「新」了四十幾年，更不用説，新市鎮發展之前已有許多歷史悠久的村落。在 2020 年代這個微妙的時間點，社區開始成熟，同時仍不斷發展，展現出旺盛的活力和豐富的可能性。更重要的是，將軍澳是那位女士以及四十萬人的家，是他們每天面對的日常。我們不必同意新市鎮比舊社區好，但不妨撇開種種既定印象，主動了解一下這個地區，在地人欣賞甚麼？怎樣好好生活，享受這個地方？

這次在地研習室，報名情況之熱烈為歷屆之最，二十多位參加者中，大部分是年輕的將軍澳居民。在八節課堂以外，他們自發相約散步，帶來自其他區的參加者（及導師）認識社區，又一起外出拍攝照片，互相啟發。在工作坊初期，大家只想到二十幾個想寫的題目，節目主持黃宇軒（Sampson）曾擔心字數不足，書會太單薄；但到後期，大家越寫越起勁，題材小至美食推介大至新市鎮基建發展皆有涵括，文章數量頓時加倍。由此可見，將軍澳街坊渴望訴說自己社區的故事，印證了這次地方書寫嘗試之必要。

疫後的香港仍在摸索方向，故事說來說去仍未找到合適詞彙。如果將軍澳人能夠把將軍澳的魅力說清楚，相信可以為其他社區帶來一些啟發。這本書未必完全順應市場口味，但絕對源自於參加者對社區最真誠的感受。願這些文字和影像，成為帶領讀者重新發現將軍澳的引言，並成為未來更多社區想像、交流和實踐的開端。

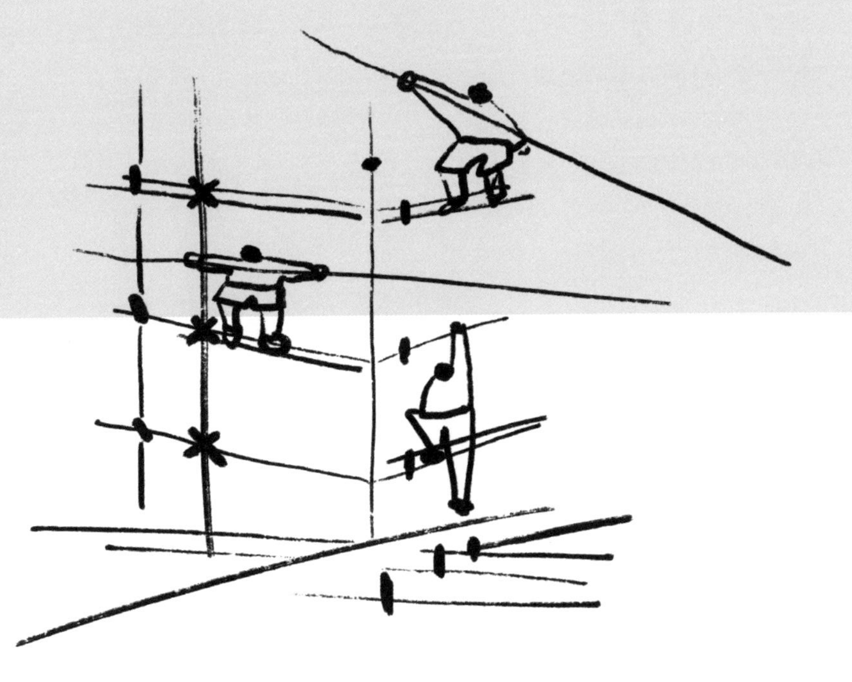

# 序

# 可以大家一起説

黃宇軒（城市研究者、藝術家）

過去四年，很用力在思考何謂「享用一座城市」和「地方的魅力」。

一直很相信，只要鑽得夠深、反覆探索、願意花時間了解和尋覓，任何城市都可以是充滿珍貴寶藏的地方。過去一段時間，以「散步學」計劃的名義，去發掘與展現那些「寶藏」，即各種在香港讓人可以有美妙體驗的地方。那些書寫與分享，比較從一己的觀點與趣味出發，側重將城市研究和城市美學的理解推廣開去。

後來多了帶十多二十位朋友共同行走觀察城市的散步團，開始越來越享受通過邊走邊聊的方法，去了解不同人鍾情的城市角落、生活記憶、享受的地方和觸動他們的路上觀察。有時候，如果持續在同一區帶散步團，我就把參加者的分享收集起來，在新一次的旅程中分享給下一班朋友。久而久之，也就開始思考，是否可以有系統地，展現集體的「地方智慧」，將那些關於地方魅力的群眾想像，傳達開去。

相比起一座城市的規模，一個社區（neighbourhood），似乎特別適合作這種嘗試，街坊多年累積和發掘的事物，很易碰撞出火花。當創不同協作（Make A Difference Institute）邀請我策劃一項在社區發生的學習計劃時，我立刻就把上述方法跟他們分享，提出「大家的散步學」的想法，希望通過眾人的力量，試試共同為一個社區編寫一本深度指南。我們的目標是，這樣的一本指南，既可以吸引從沒去過那個社區的人，動身去認識，同時也要有力為區內居民，帶來驚喜。

帶着「大家的散步學」框架跳入將軍澳，經過八堂課、許多次漫遊，所有參加者變成了這本指南的作者，一起重新遇上將軍澳。他們寫的，不是本身已經熟知的將軍澳，而是通過創作過程，不斷再遇和再發現的、原來「可以這麼說」的將軍澳。《將軍澳，可以這麼說》這個書名，原本是計劃的名字，改的時候還沒想得很透徹，但到了這本書快要出版，我覺得它更有意思了。

一個地方的可能性和盛載的事物太多，可以把它們述說出來的方法，也是無窮盡的，但如果沒人特意好好說出來，它們就只像未被撿拾的碎片。一旦開口說，我們就會開始摸索，可以這麼說、可以那麼說，這種摸索，是「地方書寫」最珍貴的過程。透過述說，大家給予對地方的喜惡和愛，一個新的形狀，發現關於地方，可以怎麼說。

這本將軍澳指南，是一班對將軍澳很有愛的朋友，發現可以大家一起說的過程。但願讀者把它拿在手上、出發尋覓，也會開始對「將軍澳，可以怎麼說」有了自己的一套。執筆之時，將軍澳竟有詩店「詩斧」在慧安商場開幕，是非常新鮮的事，我覺得這是很好的新例，讓大家知道，新市鎮的豐盛，有時遠遠超出我們的想像。但願《將軍澳，可以這麼說》，不只牽引更多的述說，也是各種開創性行動的開端。

每多一個人開始說、每多一個人創造新空間和空間的意義，對地方和社區的感情，就會更鮮明地存在。我相信也希冀，這樣的指南，會讓更多人也願意開口說、踏足社區去發現和創造，由此，本應屬於大家的地方，才會真正屬於大家。

## 序

# 一種將軍澳口音

張希雯（自由文字工作者）

曾在一個社交場合，跟一位新朋友自我介紹時，我才剛開口說上幾句她便打斷了我，問我「係咩人？你說話有種口音——」我愣了一下有點愕然，「所以我有種『元朗口音』？」隨即我倆噴一聲相視而笑，但我至今仍對她的話念茲在茲。

我生於香港亦長於斯——準確點來說是元朗才對。對於一個元朗人，又或者眾多非將軍澳居民而言，對將軍澳的第一印象或者會是「將軍澳很遙遠」。但我反過來想，對於將軍澳人而言，其實元朗一樣咁遠。一切皆是相對，或遠或近，只是因為你以自己為中心。所以在這一次的策劃之中，我嘗試放低自己原有的中心。

我很依賴巴士為我首要的交通工具，而從元朗到將軍澳沒有直達巴士，路途較轉折費時，因此我每次要到將軍澳都大約要花上大約兩小時。「你都飛到轉台灣喇喎」，身邊不乏朋友戲謔。這句說話的言下之意，不僅是交代交通來回時間冗長，更難免有一種「那個地方不值得你花上兩個小時前往」之義。所以這一次，我又嘗試唔好咁諗，每趟兩個小時的旅程，我就當是一趟值得的旅遊。

但這樣看待將軍澳可好？我今次在「將軍澳，可以這麼說」的企劃之中，從這一群在過去數個月下來一起並肩前行的朋友之中發現，我這個「本地旅遊」的目的地，其實好多人正在「好好生活」。同時更甚的是，原來有這麼一群人對這個地方與社區，無論稔熟或陌生，他們都想一一將之重新發現。他們想寫、想影、想記錄。因此故我們在。

黃宇軒（Sampson）有日向我分享本企劃的命名原來大有來頭——他笑着憶說，原來當年有位台灣朋友教他，當你遇到一些人或好些事情不知如何表達及回應時，又或者想以一句籠統說法打圓場的話，你可以對別人說：「可以這麼說」。我被這想法逗得嘖嘖稱奇，覺得這種幽默妙不可言。當然，此企劃命題不是教人打圓場，更不是敷衍砌詞搪塞過去，而是恰好相反——對於將軍澳，這個「平平無奇，被天橋商場充斥的睡眠之城」，我們可以怎麼說？又，怎麼說下去？

在網絡已經超越發達可能形容，足不出戶在一鍵之外就能看遍世界的時代之中，書寫或記錄地方的意義何在？正因為始於我們沒有答案，所以我們一起嘗試，我們一起開始學習，一同起步。為之，我們以書寫地方、創作地方指南為命題和方法，我們不但是在挑戰那在於過時與合時之間的縫隙，在潮流與隨波逐流之間徘徊，更是希望透過記錄、書寫、敍述、出版，為生於香港每一隅的我們充權。地區書寫，該當是「落一落街」般始於足下。無論是喃喃自語還是娓娓道來，我們相信終必有迴響。

這樣把事情說得好宏大。但確實如此，我們從幽微細處見其大，從其宏大脈絡城市架構窺見微小，甚或情感。本書不是一本波光粼粼的、色彩絢爛的「閃閃旅遊書」，可它由一群人的聲音合寫，不僅介紹將軍澳各處或明顯或隱蔽的地方，而弦外之音，更是獨一無二的情感、感情與記憶。香港看似是個「豆膶咁細」彈丸之地，但理論上由東面到西面都有時差；將軍澳其實比你想像中要更龐大、更獨特，雖不見得有「方言」，但或許你能在這本由我們傾盡心思合寫的地方指南中，聽得見一種攙雜而微妙的「將軍澳口音」。

## 序

# 有關「將軍看寶」

陳碧琪（城市研究者、將軍澳居民）

我並非將軍澳原居民，在將軍澳的時間，剛好佔據人生的一半，而我是直到前年，才開始懂得將軍澳的好。

將軍澳的名聲，與好多耳熟能詳的笑話有關，像堆填區令人心曠神怡的空氣，以及康城與將軍澳港鐵站之間的無限輪迴；它們所指的是，這區不論在環境或交通亦屬次等。對將軍澳的印象，也經不同的角度認真討論過，歸納成天橋之城，又或睡房城市，引伸的是，此處離地且欠人情味。有好長的時間，我拒絕認識更多，或多或少套用了這些字詞去概括我日復日身處的地方。

將軍澳的好，卻是在疫情期間，我才實實在在體會到。記得有日從寶琳出發，步行到最近海邊，穿過坑口，來到將軍澳，沿海邊走到調景嶺再離開。我在延綿的路上，見到健兒在運動，聽到由遠步近的一家大小的歡笑聲，而踩着單車放着音樂的身影，間或與我擦身而過。大家都自得其樂，繼續生活日常。原來在人心惶惶，大家免得過都不想與人接觸的時候，在我身處的社區，有這樣的步行和單車網絡，連結將軍澳內各地，容讓人在地理上自由流動，也與城市中心的營役，同分一片維多利亞港。

過了那麼多年我才意識到，生活機能上的方便，以及適當的公共休憩空間，構成最直接的舒適感，特別是感不安時；而這些方便或是舒適，並不等於將人情味和社區感置於天秤的另一方。我漸發現，原來將軍澳一直存在於「非此即彼」之外，所以甚難定義。

將軍澳人，好像也沒怎麼強烈為將軍澳辯護過。我曾想，會不會是大家都跟我一樣，在不同程度同意（過）外界的負面說法。倒是後來，我感受到，這個地方可承載和提供的一切，令將軍澳居民自然忽略外界的聲音，一如物理上的自成一角。是次創不同的企劃，各學員認真但從容，和而不同，開闊具創意，恍如將軍澳這個地方予人的感覺（vibe）一樣，深深撼動我。

序

# 豈只是個大睡房？

林兆榮（藝術家、將軍澳居民）

離開將軍澳隧道落山，一條直路衝落地面，有點像飛機進場。

降落地面後，我們各自回到自己的 Terminal。的確，將軍澳雖為一區，但區與區之間就像機場的幾個客運大樓，相鄰而又各不相干，各自有自己的設施。坑口有的，寶琳基本上都有，將軍澳站亦然；寶琳沒有的，乾脆就到九龍買，無需要到旁邊社區找。有別於沙田、大埔、屯門。

這是少有的去中心化新市鎮——畢竟沙田大埔，大致都以「舊墟」作為地理核心，將軍澳大部分土地都是填海而來，空中樓閣，幾個相鄰的社區沒有誰比誰大。有時坑口的居民，對寶琳會比旺角、觀塘都要陌生。

將軍澳三面環山，不少還是有名的郊遊勝地。很慚愧的說，小夏威夷、釣魚翁都沒去過；家窗外可望見的鴨仔山，也只是忘帶鎖匙，等家人回家時草草行了一次。這社區是家，也像家一樣，總忘記這個書櫃、那個抽屜裏面裝着甚麼，到想起的時候：喂？好似有啲印象；啊，好似又唔係。

香港人都對將軍澳陌生。常把將軍澳形容得非常遙遠，但明明從九龍走到將軍澳只是一小時內的事，將軍澳隧道亦是全港最短——遠甚麼？這本書所集結的，可能為一眾疏離感中找回脈絡——講返人聽得明嘅嘢：得閒咪落去睇吓，嗰個好似去過，又好似無去過；好似認識，但又好陌生；你以為只係人哋嘅「睡房社區」，其實又有啲古古怪怪嘅將軍澳囉！

攝：黃尹莊

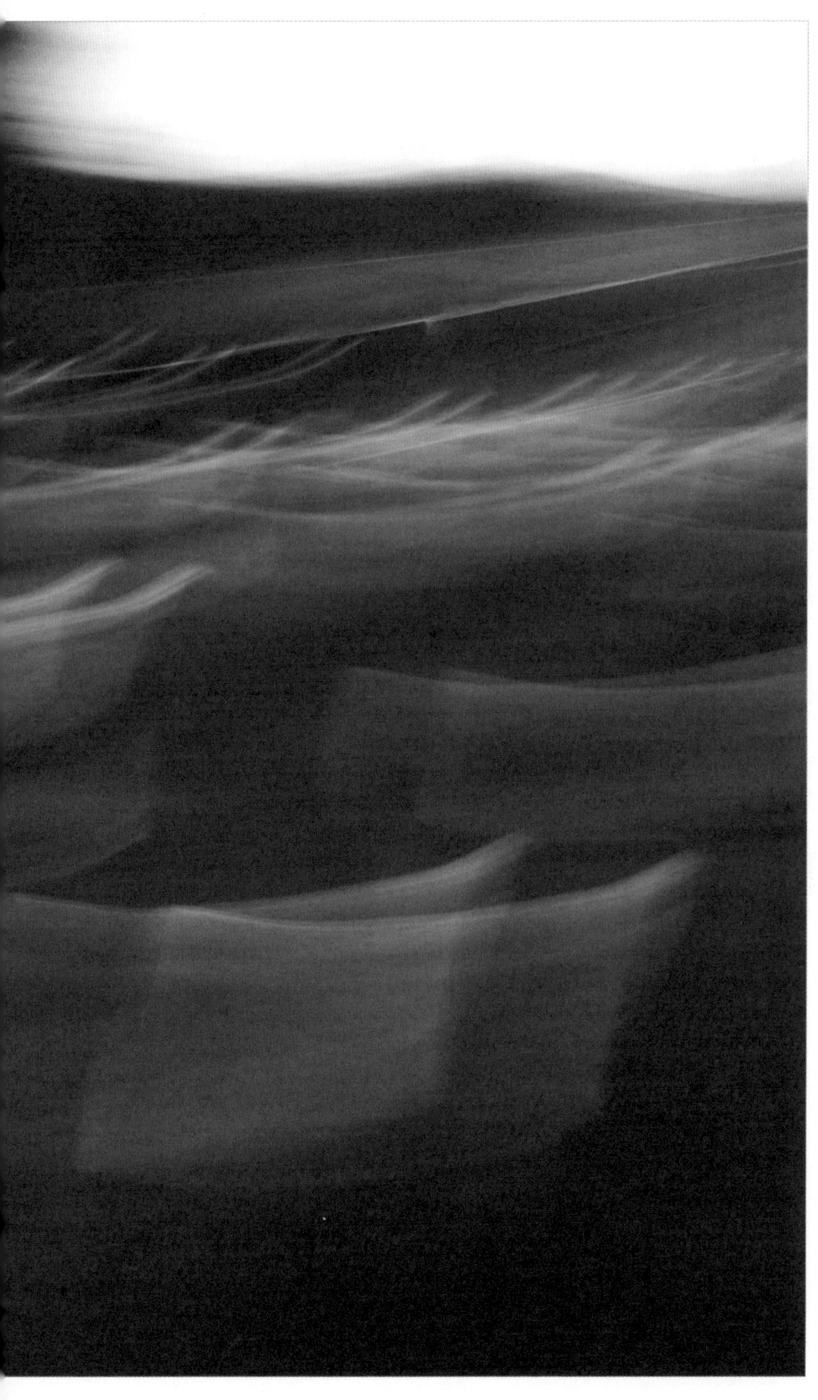

His Excellency the Governor,
Sir David Wilson, KCMG
unveiled this plaque
to commemorate the opening of
Tsui Lam Estate
on 13 November 1989

五金

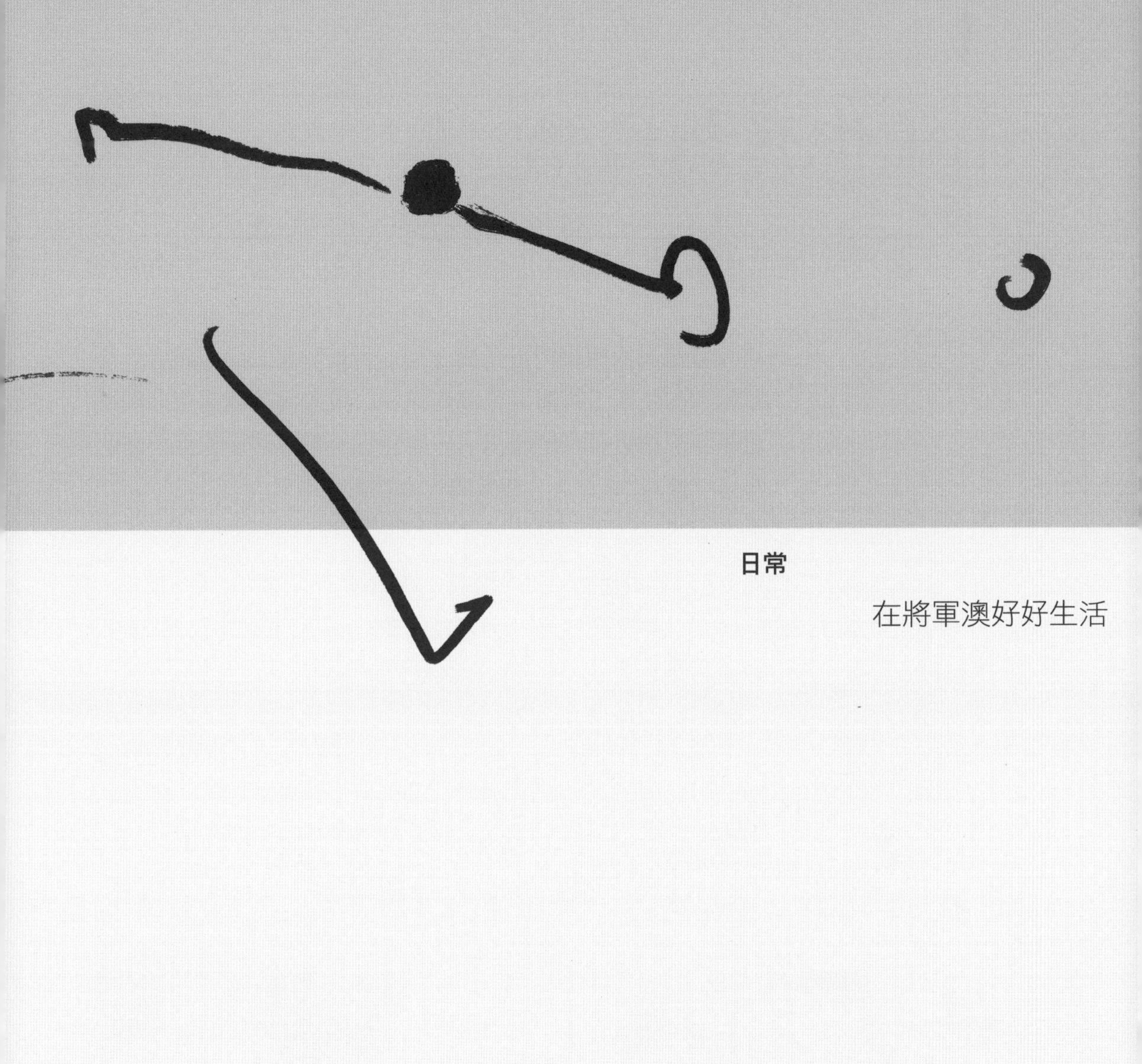

## 日常

# 在將軍澳好好生活

# 1

# 新市鎮也有舊角落

文：方泳婷 ｜ 攝：陳朗熹、方泳婷、陸曉嘉

將軍澳常被詬病每座商場千篇一律，街舖和獨立小店難尋，令社區欠缺生氣。其實只要多走幾步，便會發現舊式屋苑周遭也有不少貼近日常的小店。一齊發掘將軍澳最多獨立小店的商場，重回 90 年代，蒐集時代的吉光片羽！

**慧安商場**

地　　址：寶琳毓雅里 9 號

如何前往：港鐵寶琳站 A1 出口步行約 8 分鐘；或乘搭新界專綫小巴 10M 在慧安園總站下車

## 慧安商場

1994 年落成的慧安園為將軍澳區首個私人屋苑。兩層高的慧安商場至今仍是區內絕無僅有、沒被連鎖集團壟斷的私人屋苑商場，充滿各式小店。

## 學生街坊的日常

慧安園周邊共有九間中小學，下午鐘聲四響，學生紛紛背着書包到就近的慧安商場覓食。商場一樓多為食店、影印店及近年流行的夾公仔機店，學生等候美食時可到隔壁影印店影印書本、筆記，或去夾公仔碰運氣。食店種類繁多且價廉物美，有街頭小食雞蛋仔、學生最愛的印尼撈麵、台式手搖等等。想要飽肚的澱粉質，也有日式料理、印度咖喱及車仔麵等選擇。

商場二樓多是小型補習社、繪畫音樂教室、美容店及髮廊。每到放學時分，不難看到學童們匆忙趕赴興趣班和補習班的情景。父母等待子女下課的時候，又可順道在商場理髮修容。商場也聚集了不少中醫藥店、改衣店、水電工程店、寵物店，甚至有地產舖及車行，絕對可以滿足一家大小衣食住行各方面的需求。

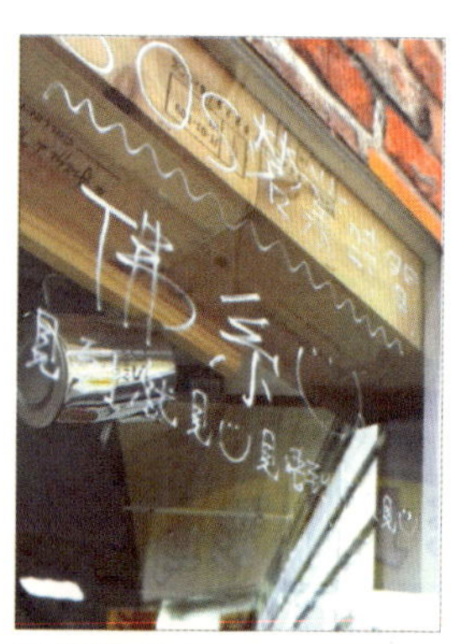

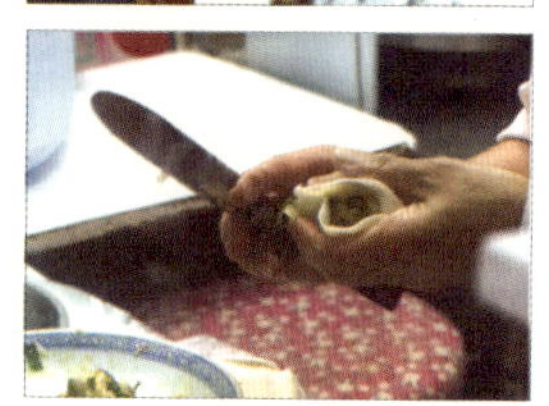

## 在變與不變之間

這座充滿將軍澳人學生時代回憶的慧安商場，三十年來裝潢依舊，店面卻悄悄更替。服務街坊多年的跌打舖，店面雖猶在，但內裏漆黑一片，櫥窗貼上一張師傅退休的告示。當舊舖不續租，低廉租金引來年輕新店進駐，咖啡店、皮革工作室、動漫模型店在此落腳。也許都是小生意，不少店主都自稱「佛系」，沒固定開店時間，一切講求緣份。

慧安商場令人印象最深刻的，當是位於一樓中庭的「露天」茶餐廳——開放式舖位，沒有櫥窗和天花板，除了廚房，每個角落都無遮無掩一目了然。餐廳同時租用對面舖位作廚房水吧，因而出現跨舖位出餐的奇景。茶餐廳旁就是直上商場二樓的扶手電梯，很多街坊搭扶手電梯時，都會「八卦」地觀望茶餐廳的眾生相。

歷經物是人非的變遷，箇中不變的是那份熟悉的味道。屹立28年的「良記」以煎餃聞名，夫妻檔從商場落成起經營至今。如今年紀老邁的老闆和老闆娘，仍然堅持每日人手以自家製的菜肉餡料包餃子。即使店舖不算顯眼，仍不時大排長龍，便知道此店深受歡迎。「以前邊有咁多食店？我哋開始做嗰陣，連新都城中心（商場）都未有，依家（慧安園食店）都越開越多，好難做。」老闆娘嘴上雖在抱怨，雙手卻不曾怠忽，仍不停地包餃子，並以笑臉相迎客人。這份對食物的堅持和對顧客的關懷，連鎖店無可比擬。

山

**富寧花園街市**

地　　址：坑口寶寧路 25 號

如何前往：港鐵坑口站 A1 出口步行約 15 分鐘；或乘搭巴士 98A、98C、98D、296M、91M、297，新界專綫小巴 15、108A、109M 在富寧花園站下車

## 富寧花園街市

位於坑口北部的富寧花園建於 1990 年，是坑口首個房委居者有其屋（居屋）屋苑。屋苑設有一個單層的購物商場、數間地舖及一個不賣鮮貨的街市，場內多為茶餐廳、報攤等民生小店。

## 凝住 90 年代風貌

富寧花園街市佈局呈 L 形，店舖排在狹窄的走廊兩旁，沿途你會見到鐵風扇、滿佈鏽漬的鐵枝、電纜及喉管。此外，每間店舖均具備趟門和閣樓，商場空間設計甚為罕見。這裏沒有光艷的照射燈，但各家店舖自設招牌及三色旋轉燈打破暗沉色調，穿梭其中令人猶如走進時光隧道，回到上世紀。傳聞這是全港髮型屋比率最高的街市，上海或泰國理髮、老派或新潮髮型，任君選擇，加上店舖位置「就腳」，吸引不少附近街坊光顧。比起連鎖速剪店，這些街坊髮型屋價格更低；比起規模大的新式髮廊，這些小本經營的髮型屋多了份街坊年月累積的情誼。

## 富康花園商場

與將軍澳運動場一路之隔的富康花園，於 1998 年落成，與富寧花園同屬居屋。商場三層高，商店集中在地下，二樓是小型超市，三樓則是平台花園，並有天橋通往尚德邨。地下商舖整齊排列成向南、向北及中間共三行。北面的地舖面向寶康路及唐明街，範圍延伸至停車場，多賣乾濕貨；南面的地舖內望富康花園民居，多為小食店。

## 日夜變換的舞台

街坊通常稱富康花園商場為富康街市，因地舖種類繁多，蔬果鮮肉、鮮花雜貨、東南亞食品、衣服精品、中西藥物等等包羅萬有。從早到午，富康街市總是人潮如鯽，窄巷間盡是拖着手拉車的師奶和撐着拐杖的傴僂老人，提着一袋二袋食材穿梭往來。傍晚五時後更是買菜的黃金時間，菜販們開始劈價散貨，剛下班或想撿便宜貨的街坊紛紛湧至，把街道擠得水洩不通。

SHOP
商鋪

**富康花園商場**

地　　址：將軍澳唐明街 1 號

如何前往：港鐵將軍澳站 A2 出口步行約 10 分鐘；或乘搭巴士 796P、E22A，新界專綫小巴 108A、115 在富康花園站下車

將軍澳是全港唯一沒有食環署轄下公眾街市的社區，只有私營街市，由屋苑法團管理的富康街市最為親民。富康街市地舖勝在選擇多兼「平靚正」，區內其他屋苑的居民也特意來光顧。二樓雖然有超市，但規模小，只能靠一部電梯或走樓梯才能到達，對年紀老邁或雙手提着重物的顧客不便。因此即使地下街市混雜擠逼、衛生情況稍為欠佳，仍然比二樓超市更受街坊歡迎。街市裏混濁的氣味、吵雜的聲音、濕漉的觸感、錯綜雜亂的動線，是井然有序的超市無法取替的獨特風味。

富康花園商場儼如一座舞台，天色如布幕般一轉，便上演另一齣劇目。晚上 10 點後，區內大型商場的餐廳已打烊，返夜更或想與三五知己續攤的街坊，除了光顧「尚宵」[1]攤檔外，多會到經營至凌晨的富康食店吃宵夜。這裏有串燒、熱炒、糖水等多元化選擇，吸引眾多年輕街坊。

對比區內其他港鐵站上蓋的簇新大型商場，這些 90 年代落成的屋苑商場縱然樸實卻毫不失色，背後盡是歲月的沉澱、情懷的淬煉。看似尋常的店家，卻是街坊重要的大小日常；在不顯眼的角落裏默默耕耘，守着那份僅存的溫暖；在講求利益與競爭的發展模式中，編織出另類的人文風景。

[1] 每逢夜宵時間，尚德邨有小販售賣小食，人稱「尚宵」。

「夜幕低垂，富康花園商場北面的街市地舖經已休息，獨留跌打醫館仍然營業，店內折射出白澄澄的燈光，使其成為北面舞台上格外顯眼的主角。」

# 2

# 重新發現厚德商場

文：蔡家亮 ｜ 攝：陳朗熹、蔡家亮

有人説將軍澳的商場看似一式一樣，形同倒模。但其實當你深入探索，即使是平凡之地，也能找到不平凡的美。

## 歐陸風地下美食街 品嚐地道滋味

坑口的厚德商場（現稱 TKO Gateway）東翼有一條地下「Food Lane」美食街，集結了十多間特色小店。在這裏，你可以一次過嚐盡港台泰式美食，從果汁、素食、點心到兩餸飯，都一應俱全。

美食街有幾家食店經常大排長龍，如兩餸飯種類繁多，價廉物美，顧客絡繹不絕。另外，一家售賣中式包點和蒸飯的小店價格親民，亦深受邨內街坊的喜愛。

你不但可在美食街提供的「立食」位置享用餐飲，也可以到下文介紹的地方慢慢品嚐。

**TKO Gateway Food Lane**

地　　址：將軍澳常寧路 2 號厚德邨 TKO Gateway 東翼地下

**一樓兒童遊樂場**

地　　址：地點相對隱蔽，可前往厚德商場東翼一樓，穿過 E172 號與 E173 號舖之間的玻璃門即可到達。

開放時間：上午 8 時至晚上 9 時

## 彩色繽紛遊樂場 美化商場角落

香港寸金尺土，善用每一寸空間，是每個香港人的目標，商場空間更甚。厚德商場東翼一樓有一個兒童遊樂場，旁邊則是露天茶座，一個地方兼具兩種用途。這位置前身為平台花園，至 2019 年才改建成現在的模樣，正正展現商場如何活用空間。

由於商場內關於這區域的指示牌不多，如果不細心留意，你或許會錯過它。這個小型遊樂場雖不起眼，然而設施造型可愛，用色繽紛，吸引不少家長帶同小孩前來遊玩。

遊樂場中隱藏了 T、K、O 這三個字母（不是地上的字母跳飛機！），當你親臨此地不妨找尋一下。

## 隱藏在空中花園的幾何美

厚德商場東翼一樓及二樓各設一個平台花園，這些花園跟上文提及的兒童遊樂場截然不同，以黑白灰作主調。它們都是房屋署管理時期遺留的產物。一樓花園空間相對較小和殘舊，流連的人多數是為了靜休或「刨馬經」；二樓花園相對空曠，保養較佳。

甫踏進二樓花園，你會被左邊巨大奪目的金字塔頂所吸引。這雄偉的金字塔像是鎮守着整個商場，令花園更顯氣派。兩旁亦有兩組小金字塔襯托，它們會在晚上亮起燈來，點綴此舊式花園，感覺可愛浪漫。

再繼續往前走，你會見到兩大組波浪裝置，可作休憩之用。高低起伏的波浪為平台增添了不少活力。兩組波浪裝置旁的地面均設有巨大棋盤，一邊是中國象棋盤，另一邊則是西洋棋盤，而棋盤旁邊都有桌椅供人休憩及下棋。據街坊在網上分享，這平台在房屋署年代曾經是一個迷宮花園，當時深受居民歡迎。

在中午時分，商場店鋪職員會來到平台花園專屬的位置休息和用餐，這構成了一種日常的景象。對於他們來説，這個空間是一個喘息的小天地。然而，現今的商場普遍減少了休憩空間，迫使人們走到室外休息。雖然這可能使商場更美觀，但卻缺乏了一份以人為本的溫暖。厚德商場依然留有這片公共空間，可説是難能可貴。

**平台花園**

如何前往：
1. 乘搭商場東翼 5 號升降機到 2 樓，轉右推開玻璃門；
2. 前往厚德商場東翼一樓，進入 E175 號及 E176 號鋪之間的門口，沿着樓梯上一層。

## 凝視昔日別具慧眼的設計

在厚德商場，你會發現不少特別之處——例如連接商場東西翼的天橋兩邊設有商鋪，設計靈感取自佛羅倫斯的老橋，在香港較為罕見。另外，商場至今仍然保留房屋署管理時期的特色，例如天橋下的樑柱上的設計圖案、東西翼外牆上的舊式方形玻璃磚等，部分電梯門及玻璃門的手柄仍然保留「厚德」英文縮寫「ht」的設計。只要細心觀察，即使在平凡的商場也能發現許多有趣的昔日痕跡，就像在坑口發現夢幻一隅。

# 3

# 變化中的尚德商場

文：方琮聲 ｜ 攝：陳朗熹

在 2005 年，公營機構香港房屋委員會把旗下商場售予領匯（現稱領展），當中包括將軍澳區的尚德廣場。每當屋邨商場轉售，市民和媒體都會非常關注舊商戶捱貴租、慘情結業、街坊被迫光顧相對昂貴的連鎖商店等問題。在商言商，領展等地產投資公司翻新商場，當然是為了吸引人流、提升資產價值和收益，但除此之外，商場管理者制訂改造策略時亦要考慮街坊的需要②。尚德廣場變身為「TKO Spot」的翻新工程，又可以如何理解，對社區有何影響？

無遠弗屆的將軍澳天橋系統，包括這條接駁 TKO Spot 與將軍澳站、跨過整個唐明街公園的 NF 336 天橋。

## 主宰商場命運的天橋系統

將軍澳綫於 2003 年通車。前地鐵公司（現港鐵）在 2006 年建成與將軍澳站一街之隔的君傲灣屋苑及君薈坊商場（現 Popcorn 2）。將軍澳站上蓋的天晉屋苑及 Popcorn 商場，到 2012 年才落成。後來附近不同地產商紛紛採用「Pop」命名旗下商場：Popcorn 1、Popcorn 2、Popwalk 1、Popwalk 2、Popwalk 3、Ocean Popwalk……一眾「Pop」字頭商場營造出的聲勢，甚至蓋過天橋系統邊緣的將軍澳廣場和將軍澳中心。

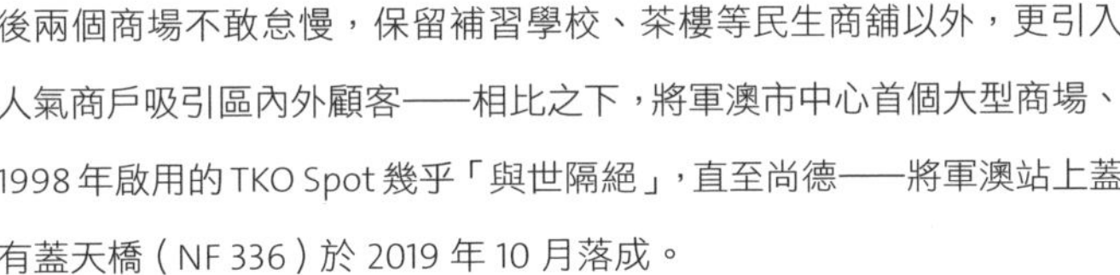

後兩個商場不敢怠慢，保留補習學校、茶樓等民生商舖以外，更引入人氣商戶吸引區內外顧客——相比之下，將軍澳市中心首個大型商場、1998 年啟用的 TKO Spot 幾乎「與世隔絕」，直至尚德——將軍澳站上蓋有蓋天橋（NF 336）於 2019 年 10 月落成。

## 新天橋，新轉機？

在 NF 336 落成以前，尚德的天橋網絡已四通八達，接駁了尚德邨和唐明苑的停車場、主打濕貨和小食店的富康商場，以及將軍澳運動場，但是居民需要經過長長的半露天地面街道，才可抵達將軍澳站，經濟協同效應始終有限。所以領展在 2011 年初為尚德商場作首輪翻新後，商場客源仍以尚德邨居民為主。

新建的 NF 336 除了便利尚德居民往返港鐵站，亦接通了港鐵站周邊的私樓商場網絡，帶來百貨公司、美妝店、多國菜餐廳等眾多消費選擇，但這些「選擇」檔次較高，原有的「街坊商場」對滿足社區日常所需，依然極為重要。

將軍澳的各個發展項目多數結合了居住、商業、休憩用途。商場的定位，很大程度視乎周邊居民的經濟能力和日常需要。即使很多人認為將軍澳缺乏舊區的小店消費體驗，各個商場千篇一律，但只要細心觀察，仍能留意到商場之間的差異。

## 正中紅心的地理定位

2019 年末，NF 336 行人天橋開通不久，尚德商場經歷了第二次翻新，正式改名為 TKO Spot。商場標誌 Spot 中的「o」字，加入了感歎號，帶着一絲激動；感歎號與「o」字又像箭靶與箭矢的組合，喻意商場提供康體相關的體驗。

為何 TKO Spot 的第二輪翻新會採用運動主題？上文雖然提到尚德比起一眾私樓商場，距離港鐵站稍遠，但其位置也有另一種優勢：若從尚德商場出發，無需橫過地面斑馬線，15 分鐘內就能抵達多個大型康體設施（圖書館、單車館、運動場、游泳池）。再者，將軍澳與西貢郊野為鄰，又持續有年輕家庭遷入，把尚德商場度身訂造成區內首個運動主題商場亦是合理之舉。

TKO Spot 樓高四層，中間的圓形迴廊把人流導向兩側的商舖。翻新以後，營運商活化了本來純粹是通道的迴廊，擺放跟運動相關的展覽；配合建築物原有的大型天窗，加點想像力，也可將之附會為商場界的古根漢美術館（The Solomon R. Guggenheim Museum）！

## 以主題店帶動體育氛圍

翻新之前，TKO Spot 頂樓曾有酒樓、超級市場和醫務所；這類商戶的服務有穩定需求，較不受位置影響，因而往往會用頂樓較不便的舖位，節省租金。

有些商戶先天就需要租用大量面積，包括知名度高、對消費者吸引力特別大的的大型國際品牌，例如 Megabox 的宜家傢俬（IKEA）、國際金融中心商場的 Apple。來自法國的迪卡儂（Decathlon）被譽為「體育用品界的宜家」，深受青年和家庭歡迎。品牌在 2019 年起租用 TKO Spot 頂樓 36,000 平方尺的室內空間，成為商場的主力店（anchor store）。

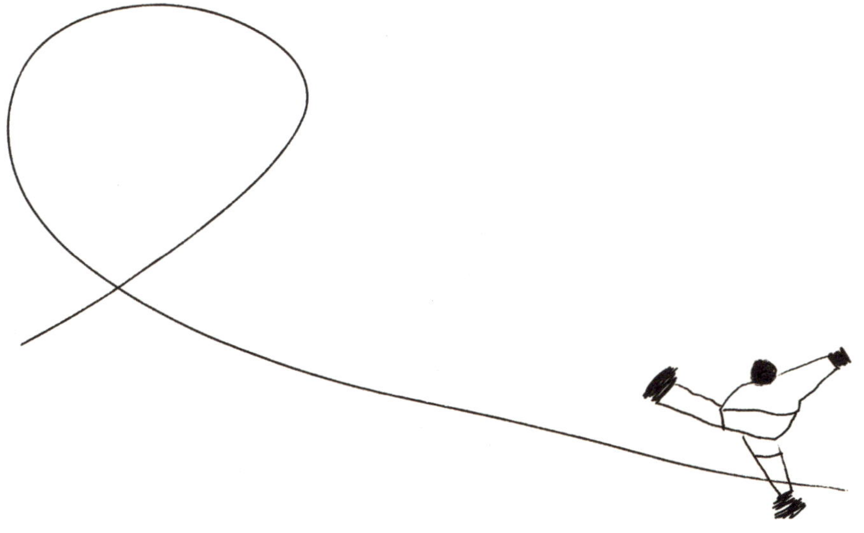

本來不開放的 36,000 尺頂樓戶外空間，隨着迪卡儂進駐，開放成戶外活動區域。

經過翻新的 TKO Spot，與背後尚德邨的住宅大廈，風格並不和諧。

隨着迪卡儂進駐，本來緊鎖的頂樓戶外空間終於開放予公眾使用，並劃分為三個主題區，提供各種戶外體驗。每逢放學時間，不少家長會帶孩子前來「放電」。戶外空間的開放，造就了雙贏的局面：就迪卡儂而言，購物體驗即時提升，有助吸引街坊以至跨區客來訪。就算客人「只玩不買」，這片公共空間亦有助增加品牌曝光率。就商場經營者而言，商戶能主動承擔管理責任，善用商場面積，改變商場的形象。

## 價值提升之後

很多人認為將軍澳就是一個個「蛋糕」商場組成的天空之城，衣食住行都能夠完全在室內解決。但實際上，若你到將軍澳走一趟，必定會感受到重視戶外康樂活動的「將軍澳健康城市」 的氛圍。[1] 除了密集的公共空間和康體設施、遍佈全區的單車徑和背山面海的天然環境，TKO Spot 等私人商業項目亦有份推波助瀾。[2]

不過，當昔日冬暖夏涼、少有保安干涉的商場頂樓，變成主攻青壯年市場的大型體育用品店後，以往那些老街坊和茶客，如今何去何從呢？也許，他們只能與商場的食客爭奪位置、在地面戶外空間或附近的圖書館休憩流連。當 TKO Spot 等街坊商場紛紛透過翻新工程和改變市場定位來提升商業價值，我們也要思索，「士紳化」是否唯一的出路？

[1] 政府及不同社區組織於 1997 年展開了「將軍澳健康城市」計劃，詳情可參考林正財醫生的文章：林正財（2023 年 1 月 16 日）。〈實心實意：將軍澳跨灣連接路 推動 All for Health〉。《明報》。取自 https://ol.mingpao.com/ldy/beautystyle/fitness/20230116/1673806916198/實心實意 - 將軍澳跨灣連接路 - 推動 all-for-health

[2] 除了 TKO Spot，在將軍澳區內，民坊集團亦分別把景林商場翻新單車駅、把明德商場天台粉刷成色彩繽紛的多用途運動場「明德主場」。

# 4

# 市集社區實驗

文：張詩淇 ｜ 攝：「有營市集」義工團

居於將軍澳的友人，常笑說這是一個「年輕社區」。作為香港第三代新市鎮，近年不少新式私人屋苑落成，越來越多區外年輕家庭遷入，自然成為人口增長率最高的新市鎮。說這個社區青春無限，應該錯不了。

在這個青春無限的社區裏，除了熙來攘往的大商場、小朋友在追逐跑跳的公園、假日擠滿了嬰兒車與年輕父母的草地，原來還有一個彷彿與「年輕」這詞有點距離的「另類市集」。自 2019 年 7 月開始，每逢星期四，將軍澳一個銀髮社群便會在香港聖公會將軍澳安老服務大樓地下的花園開檔，營運「有營市集」。

經過大閘進入花園，看到的盡是銀髮族在擺賣一包兩包的新鮮蔬果。驟眼看，似與街市檔攤販賣的沒有兩樣，再仔細看，發現這些蔬果都是小份量裝，十數棵菜心放在透明膠袋、椰菜的體積較小、蕃茄薯仔逐個標示價錢，與街市中一份份蔬果及最少半斤菜出售的銷售模式有微妙差別。「有營市集」的橫額帶點古舊的顏色，配搭往日下雨時留下的痕跡，加上眼前一班銀髮族，在「年輕的」將軍澳別樹一幟。開檔前，銀髮族檔主先商討要採購的食材和數量，然後出發往街市團購時令蔬果，再將食材分拆成單人分量、標示食材的營養成份，按照成本價優先賣給獨居及雙老長者，讓他們可平等地買到喜愛、新鮮，以及份量合適的食物。

花園旁邊長者院舍的院友滿心期待着每星期四「開檔」的日子，因為市集能夠讓他們重新享受「趁墟」的社交生活。早上首個時段，院友徐徐下樓選購「心頭好」；約半小時後便開放給區內的長者，三三兩兩地步進市集，與檔販有説有笑似乎大多是熟客；再過 15 分鐘左右市集便完全開放，歡迎所有人士購物，按需要購買小批量的蔬果。

營運市集的銀髮族們説這是「有尊嚴的買賣」。由於街市檔販大多不願出售細份食材，使銀髮族們經常買多和煮多，迫於無奈吃「隔夜餸」，

雪櫃更囤積一堆已變壞的食物。若真的要購買較少份量，他們唯有選擇街市地攤那些不新鮮的瓜菜。「有營市集」嘗試讓長者可以在市集有尊嚴地購買小份量的食材，在飲食上有選擇，「食得有營」，得到一份應有的尊重。

説起來，在銀髮族口中聽到對於何謂有尊嚴的買賣，感覺頗難忘。聽着他們分享能買到一隻香蕉、四両米對獨居長者的意義，他們那份既堅定又帶點雀躍的眼神，像告訴住在區外的我：「將軍澳啲長者我睇嘅！」還未從這份震憾回過神來，他們又繼續分享過去如何向街市檔販分享想法，讓部份檔販由以往不歡迎少份量購買的長者，到主動告訴市集成員「你哋可以宣傳俾啲長者知，我哋都好支持佢哋，少少都賣俾佢哋㗎」，更以較相宜的售價及較優質的食材來支持市集。眼前這群銀髮族，似乎不只在關心長者，也在用行動告訴整個社區，他們作為社區的一份子，有話想説。

這個瀰漫着銀髮族喧鬧聲的另類市集，彷彿在這個年輕社區裏，展示着另一種充滿活力的生活方式與態度。

**有營市集**

地　址：將軍澳寶琳北路 101 號
香港聖公會將軍澳安老
服務大樓地下

註：市集舉辦日期因應天氣情況及中心其他活動安排而定，建議到訪前先參閱中心官方資訊。

# 5

# 將軍澳之味

文、攝：一眾參加者集體創作

**誰說將軍澳只得沉悶的連鎖餐廳？以下美食推介來自本書一眾作者兼將軍澳街坊，原來在這區，真的可以「由朝食到晚」，兼且令你有意外驚喜！**

## 早餐

### 新翠灣餅店

地　　址：坑口寶寧路 25 號富寧花園購物中心 7 號舖

推 薦 者：蔡家亮

必食推介：麻糬波波（脆皮及芝士）

推介原因：屹立坑口 34 載，每天仍堅持以人手製作包點糕餅。新鮮出爐的麵包酥餅和果餡十足的花餅蛋糕，價錢低廉兼充滿誠意。「麻糬波波」外脆內軟，新鮮出爐時加倍美味！

### 上海真美豆漿大王

地　　址：將軍澳貿業路 8 號新都城中心三期地下商舖 G22

推 薦 者：杜詠晞

必食推介：鹹甜豆漿、粢飯、油豆腐、上海小籠包

推介原因：寶琳的傳奇小店，每天為街坊送上傳統上海美食，包括即包粢飯、鹹甜豆漿、上海小籠包、五香牛肉麵等。店面裝潢簡約，半開放的廚房、玻璃櫥窗以及穿圍裙的姨姨，都予人舒適親切之感。

### 荳子冰室

地　　址：將軍澳唐德街 1 號將軍澳廣場 1 樓 L1-005 號舖

推 薦 者：丁旭峰

必食推介：荳子包、經典早餐（D 餐豬膶公仔麵及 E 餐薑絲鮮牛肉銀針粉）

推介原因：將軍澳廣場內的熱門茶餐廳，誠邀插畫師 Angryangry 繪製將軍澳地圖壁畫，生動可愛。經典早餐 D、E「平靚正」，伯爵奶茶和各種西式麵包味道亦不錯。不得不提招牌「荳子包」，內餡混合紅豆泥與吉士，雙份美味。

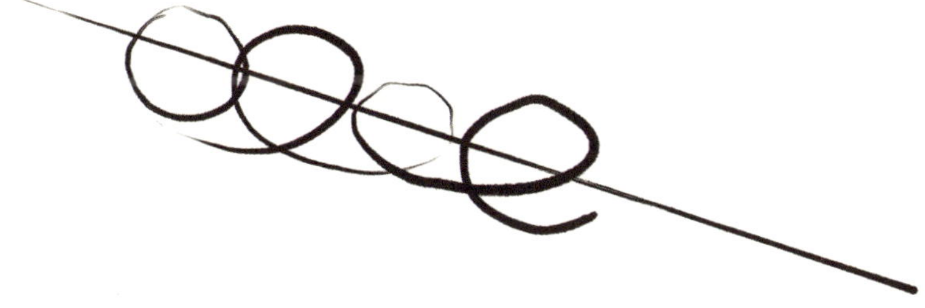

## 午餐

**Seoulmate**

地　　址： 將軍澳澳南海岸唐俊街 23 號 MONTEREY Place 地下 G25B-G26A 號舖

推 薦 者 ： 伍浩賢

必食推介： 烏卒卒火山飯、焙茶特濃朱古力奶蓋雪山

推介原因： 焙茶特濃朱古力奶蓋雪山層次感豐富，不妨先品嚐奶蓋、焙茶和朱古力各層的味道後才攪勻飲用。烏卒卒火山飯為打卡一流之選，灰色火山外層是蛋白，火山口是蛋漿，山體內是忌廉蟹肉蘑菇飯。建議可先戳破雞蛋模擬火山爆發，再嘗試三種元素帶來的層次感與口感。

**宏富雲南米線**

地　　址： 調景嶺彩明街 1 號彩明街市 72-73 號舖

推 薦 者 ： 陸曉嘉

必食推介： 春卷米線、豬手米線

推介原因： 美食沙漠調景嶺的一片綠洲，為街坊及附近學生帶來價廉的美食。米線中的麻酸湯底是絕對值得一試的隱藏餐單。

**三才魚旦火鍋食店**

地　　址： 將軍澳貿業路 8 號新都城中心 2 期地下 36 號舖

推 薦 者 ： 司徒曉晴

必食推介： 手打餛飩餃子、炸魚蛋、炸墨魚卷

推介原因： 家庭式經營的三才魚旦火鍋食店始於 2003 年。店內售賣自家製的魚蛋片頭、以人手包的餃子和各式各樣的火鍋食材。為了製作最新鮮的魚蛋，店舖在將軍澳自設工場，一手包辦把鮮魚去骨起皮、絞碎魚肉、打成魚漿等工序。炸魚蛋爽口彈牙，鮮味無可匹敵！

## 下午茶

### 檀島

地　　址：坑口培成路 18 號海悅豪園地下 3-5 號舖

推 薦 者：伍浩賢

必食推介：蛋撻、奶茶、鴛鴦味雪糕

推介原因：蛋撻擁有酥脆的酥皮外層及香濃蛋味，吃到口乾的時候，即可配上一杯茶味香濃的港式奶茶，順道一解肥膩。

### 瀧茶

地　　址：將軍澳毓雅里 9 號慧安商場地下 A48 號舖

推 薦 者：佘汶慧

必食推介：混醬青瓜粉皮

推介原因：將軍澳唯一售賣涼皮的小店。混醬青瓜粉皮清爽惹味。雞腎、豬耳等配料亦十分爽脆。愛辣之人可加上店內自家炒製的辣椒醬，辣醬又香又麻，有層次遞升的辛辣後勁。

## 晚餐

### Fika Restaurant & Bar

地　　址：坑口坑口村 24 號地舖

推 薦 者：方泳婷

必食推介：牛油果蟹肉脆餅、西班牙紅蝦蝦汁扁意粉、焦糖蘋果金寶配意大利雪糕

推介原因：隱身於坑口村的西餐廳，經常座無虛席。餐前小食牛油果蟹肉脆餅，蟹肉揉合牛油果蓉及三文魚籽，配上香脆多士，口感清新、層次豐富。西班牙紅蝦蝦汁扁意粉用料十足，充滿膏香的蝦汁濃郁飽滿，卻不會蓋過紅蝦的鮮甜。飯後必試招牌甜品，冰凍香草雪糕搭配溫熱蘋果金寶，交織成舌尖難以忘懷的冰火酸甜滋味。

### 印度野 YANTO.YEA

地　　址：將軍澳毓雅里 9 號慧安園購物商場一樓 66-B67 號舖

推 薦 者：佘汶慧

必食推介：香料咖喱羊配蒜蓉烤餅

推介原因：由印度人主理的印度菜小店，多款咖喱以大量香料熬製，羊肉入味，入口鬆化。加上烤得微焦且發酵得剛好的烤餅，沾上咖喱，令人一口接一口。

**Sushiro（壽司郎）**

地　　址：將軍澳貿業路 8 號新都城三期 2 樓 201-202 號舖、將軍澳常寧路 2 號 TKO Gateway 西翼 1 樓 W101A 號舖、將軍澳唐德街 1 號將軍澳廣場 2 樓 L2-012-017 號舖

推 薦 者：陳舒琳

必食推介：卡達拉娜、軟雪糕、三文魚壽司

推介原因：小小一區將軍澳坐擁着三間「被壽司耽誤的甜品店」——Sushiro（壽司郎）。價錢相宜，其中以卡達拉娜、軟雪糕，還有香港人最愛的三文魚壽司最為出色。

## 甜品及零食

**地茂館**

地　　址：將軍澳唐德街 1 號將軍澳廣場 1 樓 L1-036 號舖

推 薦 者：陳雋言

必食推介：芝麻杏仁茶

推介原因：不必出九龍城也可嚐到著名老店滋味！芝麻杏仁茶香氣四溢，口感滑順，杏仁跟芝麻的比例恰到好處，令人忍不住一口接着一口！

**恆立東南亞食品店**

地　　址：寶琳景林商場地下景松樓 6 號

推 薦 者：司徒曉晴

必食推介：自製印尼糕點、香料

推介原因：印尼華僑 Yusli 一家經營「恆立」逾二十載，由新都城中心三期的舊舖遷至景林邨，連繫在港印尼人。各式手造糕點及食品包括雙色椰糖糯米糕、斑蘭椰汁糕和雞絲糯米卷等。糕點多以斑蘭或香蕉葉點綴，芬香撲鼻，糯米外皮口感煙韌，餡料十足。

**廣良興**

地　　址：寶琳新都城中心一期地下 G57-59

推 薦 者：司徒曉晴

必食推介：夾糖、賀年糖果

推介原因：著名老店在區內也有分店！零食價格相宜，糖果款式琳瑯滿目，還有大人細路都喜愛的夾糖。每到新年前夕，街坊蜂擁而至辦年貨，非常熱鬧。

# 6

# 探遊單車館公園

文：杜詠晞 ｜ 攝：陳朗熹、杜詠晞

將軍澳居民認識的香港單車館（下稱單車館），跟大眾普遍對它的印象可能有點不同。對外，它是全港首個符合國際自行車聯盟標準的室內單車場館，擁有一條長 250 米的木製場地單車賽道；但對居民而言，2014 年開放單車館及其公園更貼近一個綜合休閒空間。

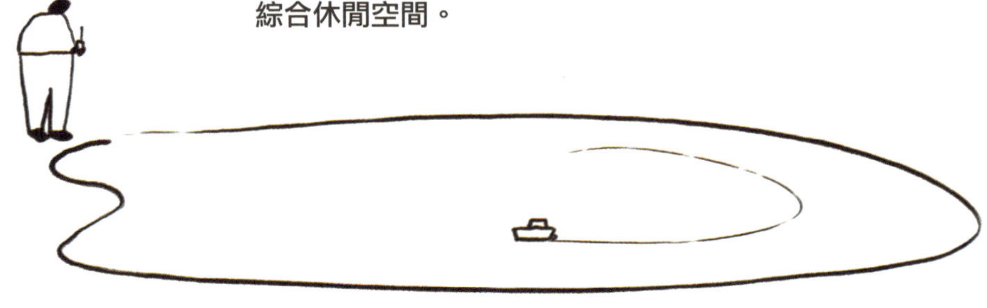

## 被高樓包圍的城市綠洲

單車館處於將軍澳市中心、寶琳及坑口之間，行人通道四通八達。若你居住在單車館旁邊的屋苑，從家中便可俯瞰整個公園：單車館外觀像一個巨型銀色橢圓鐵盤，彷如一架錯誤降落在高樓之中的外太空飛船。以單車館為中心伸延出數條彎曲的空中行人走廊，正前方有兩個呈水滴形的人工湖，吸引不少模型船愛好者假日攜同「愛將」前來。在行人路的分隔下，每片草地及遊樂場都形成一個獨立的小綠洲。正中心有一幅大草地，盡頭則設有極限運動場、露天劇場及緩跑徑，自成一角。深淺不一的綠色植物和草坪佈滿整個公園，而且設有多條波浪型的梯級及曲線通道，加上寬敞的空間分佈，使人身心放鬆。

事實上，根據設計師所言，單車館外型靈感來自運動員佩戴的頭盔，[1] 與它的實際用途意義相扣。設計師亦特意採用流線型設計，希望減低建築物剛硬的感覺，更融入公園的自然環境。除了種植過千棵樹木及花草外，設計者亦加入流水佈景牆和人工水池，增加公園的流動感。整個公園就如一座「城市綠洲」，為居民提供充滿自然氣息的公共休憩空間。

攝：seaonweb

[1] 香港工程師學會。〈香港單車館〉。《香港工程寶庫》。取自 https://www.hkie.org.hk/ea/tc/project/187

## 將軍澳的高空觀景台

沿兩旁樓梯拾級而上，經過充滿花叢和草地的層疊式觀賞平台，視線會變得更開揚，繼續向上便能到達空中行人走廊。放眼望去，你會發現自己被四面八方多座屋邨高樓及群山包圍，可以遠眺山上的康盛花園，以及坑口的私人住宅、顏色不一的尚德邨、清水灣半島等。站在高空觀察社區是一個另類體驗，你彷佛置於將軍澳的中心，可以環顧整片土地的全貌和風光，觀察樓宇的分佈、設計和形態。你會發現後山的距離比想像中接近，樓宇比想像中密集，通道比想像中寬闊。

## 爭取單車使用權

從天橋回到地面，你會看到一家隱於天橋底的單車出租小店。有趣的是，單車公園內曾經佈滿「不准踏單車」的告示，要求騎單車人士進入前下車。「單車館不准踏單車」一度成為熱話，反映規管者和使用者的期望分歧。後來經商討後，單車館空地增設「單車共用通道」，容許單車穿越；旁邊亦增設「單車園地」，設計一個畫滿行車線路及交通標誌的兒童單車場，讓幼童在色彩繽紛的模擬馬路上練習騎行。

## 一片草地，千般樂趣

步向公園中央草地，遠在百尺之外，你已經會聽到無數小孩天真爛漫歡笑，和人們此起彼落的閒談。草地像一幅打翻了的水彩顏料盤，左右兩旁充滿色彩鮮艷的帳幕和野餐墊。不少家長自備膠皮球及吹泡泡等玩具，小孩興奮地四周疾走，甚至扯上不認識的小孩一同玩樂。草地上亦有不少年輕人十多個圍在一起野餐，外傭們在旁載歌載舞。同時，這片草地亦負起將軍澳「中央廣場」的角色，曾舉辦區內大小文娛活動及居民集會，反映其標誌性地位。

對一個社區而言，充裕的公共休憩空間非常重要。它延伸了人們平日的生活範圍，提供一個公平、開放的地方，讓不同階層、種族的居民在此聚集、相遇、活動，彼此聯繫交往。

香港單車館
Hong Kong Velodrome

## 滑板飛翔無極限

公園盡頭的極限運動場設有不同高度的斜台、欄杆、槓台及梯級，而且空間充足，夜晚和假日都聚集不少滑板愛好者。不少隱藏於區內的滑板高手會突然現身，做出跳躍、凌空旋轉等動作，單是旁觀已樂趣無窮。這裏亦設有全港少數可以飽覽場地全貌的高空觀眾席，可以從高處清楚看到三個坡度不一的碗形場地，猶如一幅立體的山勢地圖，觀看板友攀山及滑落。

近十年來，滑板運動因其街頭文化及潮流象徵受到越來越多年輕人的關注和喜愛，因此年輕人口比例甚高的將軍澳亦因而成為場地選址之一。然而，公營場地在硬件設計、使用規條、空間分配等方面都受到不少質疑，如何更有效和靈活地規劃與運用公共運動空間，將會是發展新興運動的關鍵。

## 高樓天空之鏡

晚上的單車館，沒有假日的熱鬧，仍不至冷清——因為萬家燈火都在陪伴你。平靜的人工湖反射周邊高樓燈光，形成一幅白黃光線交織的美麗畫面，象徵不同家庭在其安樂蝸中享受天倫之樂。這時的單車館特別適合飯後安靜散步或獨自跑步，你可以環繞整個公園走一圈，觀察入夜後披上黑色斗篷的樹木和花朵，體會另一番樸素寧靜。

## 尋找你的喘息方式

單車館是一個居民聚腳、休息、玩耍的重要公共空間，其多元的設施和自然的設計，提醒人們生活除了繁忙的工作和學業外，還有另一種可能——享樂、休憩、慢活。每個人放鬆的方式都獨一無二。不妨抽出空檔，到單車館尋找專屬於你的喘息方法。

7

# 探索寶琳文娛空間

文：凌以正 ｜ 攝：陳朗熹

**寶琳有個康樂文化開放式交匯處。游泳池、體育館、圖書館三項設施坐落於寶琳運隆路 9 號，即近寶琳與坑口交界。早於設計之時，這三座建築物被合稱為將軍澳文娛康樂中心，由關善明建築師事務所設計，區內的將軍澳醫院擴建項目和鄰近的香港科技大學同樣出自其手筆。**[1]

照片由康樂及文化事務署提供

[1] M+ 博物館亦有 19 件由與關善明建築事務相關的藏品，可從中一探香港建築師的設計概念與足跡。

照片由康樂及文化事務署提供

照片由康樂及文化事務署提供

將軍澳游泳池雖是區內唯一政府公共泳池，但「綜合池力」可謂全港頭三。首先它有全港唯二符合奧林匹克標準的室外主池，即水深 2 米起，50 米長乘 25 米闊的泳池，絕對是練水的好地方。如果是一家大細或三五知己來嬉水，這裏亦有兩個習泳池和跳水池，嬉水池還附有四條不同高度的滑梯，非常刺激。將軍澳游泳池足以應付區內居民強身健體和悠閒玩樂的目標有餘。

值得一提的是將軍澳游泳池不設室內池。其位置雖離寶順路不遠，但建築上的巧妙設計，如圍牆、水池位置等，有助減低周遭交通的影響，所以於池中暢泳，未覺受噪音和空氣污染。室外池在日間和夜晚，各有一番風味。白日之下金黃色的陽光灑落水面，令人有如身在麥田中。晚上則燈火通明，和朋友溜過滑梯或是排隊跳水後，浮上水面可能還頭暈暈，辨不清頭頂是燈光還是月亮。

現時區內雖有新舊及規模不一的體育館，但 90 年代前後啟用的寶林體育館和翠林體育館，不是沒有冷氣就是地方太細。2001 年啟用的將軍澳體育館勝在夠方便，而且麻雀雖小，五臟俱全：多用途主場、壁球場、健身室、活動室，應有則有。近年單車館、調景嶺體育館等新式體育館相繼出現，街坊有更多選擇。假如我們年紀相若，相信在美好的年代都同在這裏揮灑過熱汗。

照片由康樂及文化事務署提供

照片由康樂及文化事務署提供

將軍澳公共圖書館從外圍看，像有蓋的羅馬競技場。圖書館有兩層，樓梯設置在中庭，連接一樓的鏤空部分。配以樓頂的玻璃天花，讓陽光直射兩層圖書館，好讓讀者靠着欄杆曬書。反方向穿過層層書架，走到圓形建築物的邊界，牆身有約一米闊的圓形窗戶，可以望到窗外的將軍澳景色。站在窗邊，比起羅馬競技場，我覺得更像科幻電影或動漫的太空船。倘若下雨或夜晚，相信太空船內又是另一番浪漫的景象。

翻查資料，原來將軍澳公共圖書館是首間獨立式分區圖書館。根據標準，每二十萬人應設一間分區圖書館。時至今日，將軍澳已有第二間分區圖書館——調景嶺公共圖書館，由此不難想像這片填海地的變化。這個康樂文化開放式匯集之地，當然不止這三座建築。中庭廣場夜晚有不少青年在踩滑板，利用鐘樓前的階梯挑戰不同花式動作。少年在原有「被規劃好」的康樂設施之外，重新賦予空間另一種可能與享用方法，讓空間意義超出原有的三座建築，也不限於設施開放時間，為這個 2001 年落成的綜合場館帶來更當代的活力。

比起一棟新式建築物包含所有文娛康體活動，我更加享受這種經過歷練，帶有些少距離，而且受日光照耀的地方。不同的設施壓縮在運隆路，卻絲毫不覺壓迫。倘若意猶未盡，就踩單車去將軍澳區的下一個康樂場地吧。

# 8

# 唐明街公園的層次感

文、攝：黃尹莊

身在城市，就得有欣賞城市的方式，比如置身於高樓當中，享受「世界將我包圍」之感。我們常評價香港公共空間不足，缺少讓大眾休憩玩樂的地方，但唐明街公園就是鬧市中容易被忽略的美好天地。

匆忙的生活，會使人無力察覺身邊的美好。如果由港鐵將軍澳站出閘，穿過 PopCorn 後要前往尚德，商場與商場兩點一線，你只會快速走過天橋。又或者你想從富康步向調景嶺，即使取道唐明街，也未必會在中途繞進唐明街公園休憩片刻。

若你路過這帶，不妨嘗試踏入唐明街公園，絕對會獲得不一樣的體驗。若你再次踏上 PopCorn 往尚德的路途，不如叛逆一次，偏離慣用的天橋，走進唐明街公園的上層。兩旁是不同大、中、小學大樓，往外一層便是一眾住宅高樓，你好比站在世界中心，萬物圍繞膜拜。傍晚時間更能看到華燈初上的景象，讓你傲視當下虛浮的繁華盛世。

唐明街公園最特別之處，無疑是其雙層設計，中間夾雜大圓洞貫穿上下兩層。如果有機會從高空俯瞰，你便會發現公園乃由一個又一個大大小小的圓圈組成。若你熟悉香港公共屋邨，肯定會即時聯想到華富邨停車場的那條魚眼橋。同樣建有上下兩層，唐明街公園用途更廣泛。

有人把唐明街公園稱為「寶藏的公園」。除了上層設計獨特，公園下層都會令你大開眼界。如果說上層是都市人的浪漫之地，下層就是老少咸宜的樂園。除了在魚眼橋下的長者健身園地外，我特別欣賞把兒童遊樂區和健身站置於天橋底的做法。一半是遊玩區，一半是行人過道，午後陽光灑下，畫面和諧。

誰說天橋總是無聊？這個斜坡式設計的天橋公園就很有趣。兩層之隔，兩個截然不同的世界。無論是從高至低，或是從上而下，無一不增加橋上橋下的互動。除了公園兩端上下層能相互交集外，公園正中也有一條迴旋斜路駁通兩層。仿似羅馬鬥獸場的圍牆，圍着中央一塊圓形的草地。沿着斜路繞一圈，就可以升降在公園兩層之間，就像告訴你：條條大路通羅馬。

也許在更多時候，你只會匆忙略過唐明街公園，但每當看到從圓形天橋穿透出來的陽光與綠意，伴隨身旁孩童玩樂的嬉笑聲，都市人得以換取片刻的喘息，就是唐明街公園給這座新市鎮帶來的瑰寶。

# 9

# 海濱生活想像

文：周頌天、黃仲亨 ｜ 攝：陳朗熹

**綜觀全港，幾乎區區都有一個海濱長廊，但不少海濱如同倒模，千人一面，要發掘不同之處，便需要細心體驗觀察。**

自 1980 到千禧年代，大型商場在各區冒起，成為新市鎮必有之物，吸引一家大小在週末到商場消遣。對發展商來説，大型商場就如一個集娛樂、消費、休閒於一身的寶盒，務求延長顧客在盒子內消費的時間。圍繞着將軍澳鐵路沿線的各大商場就是典型例子，可讓人連續穿越幾個商場而不必離開室內空間。這區面向街道的店舖不算多，地面反而佈滿通風口、停車場出入口、後門等等。㊸而近年發展的將軍澳南海濱也有各種消費休閒設施，但相比起上述的傳統商場，這兒卻有另一種面貌。

商場外的電子資訊板，寫着「澳南海岸」，無形中改變了大眾對地方的認知。

在法國國際學校對出的兩幢私人住宅樓宇之間，有一條埋藏不少商店和餐廳的內街，讓人沿街逛舖。尤其海邊有一整列酒吧、餐廳和Café，海風悄然吹過，人們一邊手持酒杯，一邊凝望粼粼波光，四周瀰漫着悠閒的氛圍。附近高級商店林立，形成一種典雅的生活氣息。不但如此，海濱的樓宇名稱很多都富有外國韻味，例如「Savannah」、「Monterey」等等。而 Monterey 及 Capri 商場外的電子資訊板，亦寫着了較具異國風情的名字「澳南海岸」，取代過往常用的「將南」簡稱（「澳南」令人不禁聯想起澳洲南部）。這些「澳南海岸」資訊板，令很多將軍澳街坊都以為這就是海濱一帶的官方名字，誰知這原來只是發展項目的命名，而不是正式地名。由此看來，地產商的市場手法十分成功，影響了大眾對地方的認知。

海濱一帶的獨特面貌，源自於政府對這區的另類發展方針。早於千禧年代，因應社會各界對將軍澳的高密度發展方式和填海工程有所顧慮，政府在研究報告建議此區應採用低密度的樓宇分佈及地面商舖的設計，希望盡可能保留海濱景色。此外，私人發展商在興建高級住宿項目時，加強營造「優雅生活氛圍」，以提升樓盤的格調和定價。位於唐賢街 29 號的藍塘傲，便以「格林威治村」地面商店街作為樓盤賣點，聲稱能為住客帶來「獨特的南歐海岸餐飲新體驗」及「高層次生活圈」。寬敞怡人、沿街開滿高格調地舖的街道設計，成為了這一帶的社區特色，亦是近海樓盤的優勢之一。

另外，這裏亦是寵物樂園，週末時間佈滿來散步放電的「毛孩」，不少人拖着愛犬、戴着太陽眼鏡於海邊踱步，享受慢活的節奏，進一步刻劃海濱的悠閒。有寵物就有商機，單是海濱一帶就開了數間寵物生活用品店，而政府亦提供各種寵物友善配套，例如海傍的寵物公園、近康城海濱的環保大道寵物公園等等。

隨着夜幕降臨，晚上的海濱更添熱鬧，除了狗主和運動人士外，不少三五知己在此聊天暢飲。有消費能力的中產人士大多會到價格偏高的西式餐廳消遣，年輕人則喜歡在便利店或鄰近的日式超市 Donki 買啤酒和零食，坐在海堤上享受海風。 無論是一群人歡樂相聚，或是單獨傾訴心事，將軍澳海濱皆是居民的不二之選。

在除夕、中秋、萬聖節等節日時，將軍澳居民更會到海濱歡度佳節，當中以萬聖節最有特色，不少家庭都會帶同小朋友在海濱參與 trick or treat 活動，與其他街坊一同玩樂。

不論晝夜，將軍澳海濱都是區內優閒空間的入門之選，人人都可在此找到舒適的角落，各適其適。

# 10

# 他們的世外桃源

文、攝：司徒曉晴

**無論你從將軍澳站或坑口站步行往靈實醫院的山幽邊陲，都會經過一片由樹林圍繞的碧綠草地。這片草地似乎未被官方命名（下稱「無名地」），惟網民在Google 地圖將之標註為「Green Field（綠坪）」——它位於寶順路及寶康路交界，從高空俯瞰呈水滴型，被行人徑、單車徑以及繞過廣明苑的彎道公路所包圍。**

在 Google 地圖，無名草地被網民標註為「Green Field」（擷自 Google 地圖）

圍城的冷色調與「桃源」裏的暖色調構成鮮明對比，引領你走到隧道的盡頭

因着將軍澳人車分隔的規劃，途人在區內經常需要使用行人隧道；進入這片「世外桃源」的必經之路也如是。白晝的最後一縷光，使斑駁的樹影投射在隧道三面的高牆，彷如一種溫柔且誘人的邀請。正在曬衣的街坊好像覓得一片自由空間，在此自得其樂。林中的樹木與小鳥也樂在其中，仰頭看樹冠互相禮讓，像極了田園詩人陶淵明在《桃花源記》所描述的桃花源景色。

中午時到訪，陽光燦爛

太陽下班前半小時到訪，樹木染上一抹暖黃

## 都市奇觀——公眾地方曬衫

除了日光的邀請，更引人入勝的是一幕人造的都市奇觀——曬衫。樹與樹之間相距四至五米，大多只得兩三米高，並非像雨傘般伸展的大樹。每逢陽光充沛的週末，總有幾位街坊扛着尼龍袋，拉起繩索，綁在樹幹上，晾曬材質較輕薄的衣物被套，待至乾透才離開。其中一位街坊分享道：「我平日午飯前就過嚟，黃昏返嚟收衫。宜家啲樓起到擋曬陽光，間屋窗邊根本晾唔乾啲衫，而且日頭喺外面曬嘅衫比較香。」

政府為免「曬衫」影響市容，自 2006 年將「在公眾地方晾曬衣物」納入「屋邨清潔扣分制」其中一項不當行為，違規者更有機會面臨租約被終止的後果。[1] 街坊又提到，曾有專員收起無人看管的衣物，放到尚德社區會堂外的膠箱內，待人領走。

這組不時在社區空間出現的「公共藝術裝置」，只是現實限制下的權宜之計。屋邨管理者有見及此，於是開放邨內使用率較低的公共場所讓街坊曬衫，例如鄰近的廣明苑籃球場會不時解鎖，同區的景林邨亦如是。

[1] 詳見香港房屋委員會及房屋署的「屋邨管理扣分制」：https://www.housingauthority.gov.hk/tc/public-housing/estate-management/marking-scheme-for-estate-management-enforcement/index.html

[2] Stone, V. (Ed.). (2018). *WHO Housing and health guidelines*. World Health Organization. https://www.who.int/publications/i/item/9789241550376

[3] 陳柏宗建築師事務所（2018 年 12 月）。〈療癒性環境應用於高齡者居家室內空間之研究〉。研究報告受中華民國內政部建築研究所委託，頁 21。

[4] 政府及不同社區組織於 1997 年展開了「將軍澳健康城市」計劃，詳情可參考林正財醫生的文章：林正財（2023 年 1 月 16 日）。〈實心實意：將軍澳跨灣連接路 推動 All for Health〉。《明報》。取自 https://ol.mingpao.com/ldy/beautystyle/fitness/20230116/1673806916198/實心實意 - 將軍澳跨灣連接路 - 推動 all-for-health

[5] 香港特別行政區政府規劃署。〈將軍澳市中心發展藍圖（第 47, 50, 51, 65, 66, 67 及 68 區）編號 L/TKO-66/1B(1)〉《將軍澳進一步發展可行性研究》，頁 58。

[6] 香港特別行政區政府規劃署。〈康樂、休憩用地及綠化〉。《香港規劃標準與準則》，第 4 章，頁 6。

另一屋邨奇觀——「生曬臘肉」

## 「你今日曬咗太陽未？」

除醫療與公共衛生面向的「健康」外，促進城市居民健康的居住環境和社區建設也同樣值得關注。世界衛生組織發表的《住宅健康指引》[2]提及到「健康住宅」（Healthy Housing）的概念，指出住宅應當達到一定水平的日照時數、居住空間等 15 項室內設計標準，才能讓居住者在「身體上、精神上、社會上」完全處於良好狀態。[3]

人口迅速增長的將軍澳，面臨住宅用土地緊絀的景況，於是樓宇越來越密、建築物越來越高。不論你住在私樓或公屋，可能早晚都有出外曬衣的需要。在將軍澳這個「日照權」不受保障的「健康城市」，[4]街坊唯有瓹窿瓹罅，尋覓區內的「世外桃源」。

## 喘息與詮釋的空間

這個相對開放的「無名地」，讓四面八方的將軍澳人各有喘息與詮釋的空間。靈實醫院下這塊草坪帶點莊嚴又神聖不可侵犯的感覺，讓人在忙碌中享受一絲安寧。

翻查規劃署的圖則，[5]得知政府將此地劃為「Amenity（可譯作美化市容地帶）」；這類用地屬次要綠化用地，非法定土地用途地帶，常用以美化市容、改善景觀或作緩衝，[6]簡而言之，並非作康樂之用。

它的美讓街坊看見空間的潛力，於是各自發揮無限的想像力，把它轉化成各式各樣的場所。我曾目睹退休人士將此當作練習高爾夫球揮桿的場地，與街坊切磋，也有街坊獨個兒伸展筋骨，同時享受日光浴。每逢週末，它既是寵物公園、小孩子的單車練習場，又是外籍傭工的「派對空間」，搭起帳篷，就能在公共地方劃出私人空間。

「無名地」全天候開放，三面都可以進入，沒有圍欄阻擋，也沒有專責看守的管理人員無時無刻地巡邏。空間使用的靈活度好像更高，街坊抱着實驗心態，體現如何活用一個看似「無為而治」的公共空間，讓這片土地自然滋長。

溫馨提醒:「無名地」雖似桃花源，仍有不少蚊蟲，謹記帶備防蚊用品！

各路將軍澳人，你又會如何為這個「無名地」命名，為空間定義呢？説不定今天你取的名，他朝就是街坊之間通用的地名。

11

# 寶康公園與遊樂記憶

文：陳舒琳｜攝：陳朗熹、陳舒琳、黃尹莊

燈塔及吊椅

寶康公園的新舊遊樂設施，連結不同年代街坊的回憶

寶康公園，因鄰近寶康路而得名，又可理解成位於寶琳的文娛康樂公園。公園佔地 4.13 公頃，於 1997 年開放，是將軍澳區內第二個公園。作為香港其中一個大型公園，它有大約八至十組兒童遊樂設施，是不少將軍澳居民嬉戲、休息甚至慶祝節日的好去處。每逢大型節日，寶康公園都必定被大大小小的家庭擠得水洩不通。然而將軍澳單車館公園在 2014 年落成啟用，各界亦把將軍澳單車館公園打造為「親子好去處」，人們開始轉戰同樣位於寶康路的將軍澳單車館公園，令寶康公園漸漸被冷落。雖然寶康公園人氣大減，但其獨特之處不會被取代，更是 90 至 00 後將軍澳人成長時期的寶貴回憶。從將軍澳體育館、游泳池及圖書館方向的門口進入，首先會看到一個兒童遊樂場。此區域的遊樂場除色彩鮮艷的設施外，亦有像雪山般獨特造型的滑梯，以及有需要坐輪椅的小朋友也可一起玩的「搖搖船」。

公園內亦有以音樂為主題的遊樂設施。小朋友可以透過「鼓陣」一嚐當小鼓手的快感，又可在「彈簧小路」上考驗平衡力。這一帶的地下更有傳統「跳飛機」，父母在陪伴孩子玩耍時，也可以回味自己的童年呢！

一路向內走便會發現公園的特色地標——歐陸式純白燈塔。它的存在彷彿為公園增添少許歐陸小鎮風情。在燈塔旁眺望周圍，一棵棵大樹完美地遮蓋附近的學校。雖然不算一望無際，但樹木與天空卻突然變得很近。燈塔兩旁分別擺放長椅及吊椅，是童年時和家人合照的絕佳位置，而且當年仍是用菲林相機的年代。

新式攀爬架

燈塔的兩旁對我來説還有另一種意義，小時候我正是在這個位置跟家人學打羽毛球。選擇在燈塔兩旁打羽毛球最主要因為這個範圍比正式體育場地較小，小朋友比較容易成功發球。還記得我經常故意把羽毛球打到小小的柏樹上，像為聖誕樹裝飾一樣，二來這代表我能成功發出夠高的球，算是一個小成就！

現時的滑梯

穿過燈塔，對小朋友而言，感覺仿似遊戲通關然後成長。另一邊的公園亦隨之升級，設有滑梯，搖搖板，鞦韆，更有融合繩網設計的新式攀爬架。我依稀記得從前那三條深綠色的滑梯，並沒有那麼鮮艷。正當我慨嘆舊滑梯已被取替，在公園另一邊卻發現原來它仍健在，不禁鬆一口氣。這樣的變遷反映出香港現時的遊樂設施大多屬於組合式，設施即使顏色不同，設計還是大同小異。

以前的深綠色滑梯被重置到寶康公園另一個角落。

全港共有 26 個擁有滾軸溜冰場的遊樂場。小時候有一陣子突然興起滾軸溜冰，因着寶康公園設有滾軸溜冰場，爸爸媽媽送我一雙溜冰鞋。雖然整個場地以平凡的綠色為主，但當街燈亮起時，亦別有一番風味。那些練習滾軸溜冰的夜晚，就像踏上舞台，在射燈下表演。

雖然寶康公園已盛世不再，我也不再是挽着溜冰鞋穿過燈塔的孩童，但燈塔照亮過的時光仍在心中閃耀。

寶康公園亦設有滾軸溜冰場、籃球場、五人硬地足球兼手球場及門球場。

# 12

# 你所不知的設計學院校園

文、攝：陸曉嘉

步出港鐵調景嶺站 A 出口，你便會看見一幢非常奇特的建築物：數座 X 字型鋼架結構承托着一個有如水立方的空中平台，還伸出一道長長的扶手電梯，彷彿在向你招手——這就是香港知專設計學院（Hong Kong Design Institute，簡稱 HKDI）。當年，設計破格的校舍甫落成便成為調景嶺地標，光看建築，便知這是進修設計的地方。但除此之外，你又是否知道校園內尚有更多特別之處？讓我們一起探索校園吧！

## 設計大道的日與夜

從景嶺路步進校園，你會發現頭頂被空中平台覆蓋，四周還有五座大樓包圍。設計大道接通學院不同大樓，各座地面分別放置了 A、B 、C、D、LW 等巨型英文字母，既讓你分辨該往之處，亦成為小朋友擁着玩耍與拍照的遊戲地景。大道環境設計像中式四合院的中庭，冬暖夏涼。除了穿着時尚的學生及教職員會在此出現之外，街坊也樂意行經此處，順便可到「九巴大專優惠站」領取車資優惠。

入夜後的設計大道猶如另一個空間：教學大樓亮起白燈，和街外雜亂的橙光形成靜與鬧的反差。晚上 10 時半左右，閘門便會關上，公眾沒法自由穿越，只有學院相關人士出示證明才能進入。關閘前，學院通常都會熄滅燈光，大道頓時只剩餘一片暗黑，街外殘光默默滲進，彷彿一個光影展演的舞台。

## 多元的展覽場館

學院設有多個展覽場館，主要供學生公開展示自己的學習與創作成果，大部分都可讓公眾免費觀賞。三個場地——包括 HKDI Gallery、d-mart

和體驗中心——都有高樓底及寬廣的展覽空間，但各有不同細節。HKDI Gallery 鄰近學院大閘，場地中間樓底忽然變低，猶如一條隧道，連接兩個不同空間，能提供不同的參觀體驗。d-mart 為三個場館中最大的一個，兩層展區以之字形樓梯連接。即使樓梯僅以直線構成，卻充滿簡約線條美，懸空如一條吊橋。體驗中心面積雖然較小，主要用作小型展覽及講座。中心呈筆直長方形，配置 L 形落地玻璃窗，讓室外光線透進室內，室內的人亦能透過玻璃窗放眼外面廣闊的世界。

每逢畢業季節，這些場館便會展出學生作品。展期開始前，透過落地玻璃，總能捕捉到學生廢寢忘餐、奮力建構畢業作品的模樣。你可從學院官網及社交網站取得展期資訊，從學生的心血作品探索創意設計的世界。

## 夏天消暑游 DI

或許你未必知道，其實學院的游泳池同樣開放予公眾。因學院沒有大肆宣傳，只在泳池外掛着一個不顯眼的告示，因此只有少數細心的調景嶺街坊知悉。泳池入口位於 D 座 M 樓，公眾可從 D 座地下入口乘搭專用電梯進入。因泳池由學院管理，一般會讓學院職員和學生優先享用，公眾只能於夏季平日晚上及週末使用。泳池雖然細小，但仍吸引部分住處沒有會所設備的街坊泳客，特地前往消暑，在清涼的水中仰視這座獨特的建築。

[1] 林奧莉（2021 年 10 月 10 日）。〈香港之最｜全港過萬條扶手電梯邊區最多？最短扶手梯竟只有 6 級！〉。《香港 01》。取自 https://www.hk01.com/ 熱爆話題 /682349/ 香港之最 - 全港過萬條扶手電梯邊區最多 - 最短扶手梯竟只有 6 級

## 香港最長室內扶手電梯

自空中平台延伸向下的「天梯」是全港最長的室內扶手電梯[1]，可惜只限學院人士使用，更有保安看守，避免外人擅闖。即使是學院人士，想要乘搭電梯亦要碰碰運氣，因為近年天梯大多只在平日上學時間及周末日間才會運作。如果你有幸乘搭天梯，也請先問問自己是否畏高——因為天梯的斜度可能為你帶來不安。但若你自認為大膽之人，亦可嘗試從高處回頭望，感受猶如懸浮半空的錯覺，好比進入科幻電影中的宇宙戰艦。

## 360 度看調景嶺

若要從高處俯瞰整個調景嶺，如非住在屋苑高層，便要消耗體力時間登高望遠。但如果你是學院學生或教職員，只需在五座大樓任擇其一，踏入升降機按「9」字，便能輕鬆抵達位於 9 樓的觀景天台。學院位處調景嶺正中心，環顧四周可見遼闊海景、屋苑平台、密集高樓和休憩用地，享受 360 度全視野的調景嶺景觀。

## 既疏離又開放的 HKDI

如果你嘗試訪問調景嶺街坊對知專學院的想法，很大機會，他們都不知如何回應。事實上，大部分街坊頂多只會在設計大道匆匆走過，未必對學院有所了解，更遑論建立感情。加上學院落成至今曾發生過數宗不快事件，使學院保安變得嚴謹，一般人更難貿然到訪。這重重障礙，令人對學院產生距離感，違背了建築物原本強調開放的設計意念。希望有朝一日，大眾能更認識這座將軍澳地標，讓學院跟社區的距離拉近，真正成為社區生活的一部分。

攝：蔡家亮

連理
mtr

24 hrs
全日

## 空間

可以觀、可以遊、可以居

# 14

# 康盛：抑揚頓挫

文：張希雯 ｜ 攝：陳朗熹

**康盛花園是將軍澳新市鎮最早期的發展項目，此私人參建的居屋屋苑於 1989 年 1 月落成入伙，位於一條連接觀塘區與將軍澳區的隧道口山路旁，可謂佇立於山巔，亦是將軍澳區住宅中的最高點，毗鄰翠林邨及景明苑。**

## 九龍或新界？從「彈出彈入」的地址看發展更迭

居住在康盛花園的朋友告知，以往或至今，地產界仍會將康盛花園的地址寫作「九龍」調景嶺寶琳北路一號，他和鄰居亦是直至近年才把通訊地址統一改為「新界西貢」。到底康盛花園屬九龍抑或新界？地理界限模糊，一座屋苑、五幢樓宇位置不變，變的只是他者給予的一行地址、將軍澳的整體發展，以及屋苑之中的種種細節與氛圍。

## 康盛花園之盛

「靜中帶旺」，是許多居民對康盛的形容，亦是地產廣告愛標榜的屋苑賣點。近年康盛花園也許相較昔日幽靜，商舖選擇亦較同區其他地方或九龍觀塘為少。但原來千禧年前後的康盛花園曾經興盛，不乏鄰舍人氣風光，麻雀雖小，但也幾近「自給自足」，應有盡有——餐廳、酒家、菜檔、魚檔、士多、報紙檔、玩具店、補習社、DVD 租碟舖、地產舖、洗衣店，或者小型宗教場所也一應俱全。屋苑更有康體及社區設施配套，包括泳池、滾軸溜冰場、籃球場和網球場，以及一座可以飽覽天地風景的停車場。現在的康盛相較往昔恬靜，大時大節居民在屋苑平台聚集的畫面也買少見少。多年以來，它依然滲溢一種安然自若、與世無爭和自得其樂的興味。

## 不如搭「11」號？用雙腳步入風景中的抑揚頓挫

以「與世無爭」來形容一座屋苑，其實相當耐人尋味。康盛花園的「屋苑經濟」曾經興盛，但現在也不減風光，因為它居高臨下，鳥瞰寶琳及將軍澳的景色依舊。康盛花園是將軍澳新市鎮中唯一不是建在填海地域的私人參建屋苑，居民住在山頂之上，可以遠眺寶琳屋苑及山嶺景貌。居住在康盛之友人亦説，他們一家於 90 年代入伙之際，還可以見及舊有寶琳的原始海岸線。目前面臨寶琳方向的居民更可以望及山下森林，與將軍澳隧道川流不息的交通相映，被「天一半地一半」的自然環境包圍。遠眺見海，近望見山；與世無爭，反過來説是否與世隔絕？可康盛其實四通八達——用雙腳落地行，更見其風景的忽高忽低，或抑揚頓挫。

## 四通八達，任君選擇：「行去觀塘都得！」

提及公共交通，住在康盛的朋友直説「好方便」。巴士或小巴相當緊密，有時五分鐘可達寶琳或藍田，十五分鐘到觀塘，亦有巴士前往港島或新界西。但若然你搭「11 號」，即以雙腳行走於康盛四周，亦可以沿寶琳北路下山，走訪將軍澳新市鎮最早建成的公共屋邨之一——翠林

24

邨，感受它的獨特設計與生活氣息。這段路被兩邊高聳大樹包圍，下山左方更是一片森林河溪，可以邊行邊聽水聲潺潺。往翠林方向的中段右方，還有一條穿越蔥鬱森林的夢幻隱祕小徑，只需步行十分鐘便可落山達寶琳。沿寶琳路向秀茂坪方向走，則能到達寶達一帶。另外，從康盛向着靈實醫院方向走，沿寶琳南路一段斜路可以通往調景嶺山上的將軍澳風物汛，享受一段簡單的城市山徑。又或者可以穿過靈實醫院，沿寶順路步行至尚德及將軍澳站一帶。友人笑言，「邊個話將軍澳唔方便？」將軍澳實質上是最接近九龍市中心的新市鎮，只要騰出一個多小時沿着寶琳路走，就連行去觀塘都得。

## 另類數綿羊——將軍澳隧道出入口來回

康盛花園較將軍澳隧道早一年落成，隧道落成使山下將軍澳居民可以特快來往東九龍或港島區。從兒時始一住三十年的康盛的友人憶述，小時候並不喜歡窗外隧道口的景象，畢竟靜謐怡人的叢林變得摻雜着車輛轟隆的引擎聲，所以他只會集中精神看卡通片，刻意忽略隧道的存在；唯一一次注視隧道，是因為他小學一年班時，老師要求學生在家附近統計來往巴士的數量，於是他只能乖乖地對着窗口完成功課。後來，他父親開始在跑馬地從事高級服務業工作，與父親關係親密的他，每天當父親準備出門搭巴士時，都會依依不捨地送別。待父親上車後，友人會立即伏在窗前等來電，待父親從電話筒中告知他坐的巴士快將到達隧道口，再以雙眼追溯父親坐上的 690 巴士，目送作別。

十多年之後，他父親來電，告知被公司裁員，而他乘坐的巴士剛好穿過將軍澳隧道，這趟回程路是十年以來最為漫長，從此朋友家中亦經歷了相當大的變化與離異。這段故事也許不是康盛獨有，但惟將軍澳隧道口，可以印證這個家庭與他們的父子關係。一條隧道牽連關係、感情，甚或命運，對於別人平平無常的出入口，卻亦是一道情感註腳。不知讀到這裏的你，如恰巧住在康盛，有晚睡不着覺，不如試試數着隧道出入口的車輛，想想你與這地方的連結。又或者，等一個人回家？

# 15

# 翠林：彩虹幾何

文：伍浩賢 ｜ 攝：陳朗熹

**提起香港的建築或房屋的顏色，大家先會聯想到七彩斑斕的九龍彩虹邨。那如果要說出一種能代表將軍澳的顏色，又會是甚麼？這個問題，可能連將軍澳在地居民都無解。很多人慨嘆以創意設計巧思見稱、被譽為「攝影勝地」的彩虹邨快將面臨清拆，越來越難尋回昔日獨特的屋邨社區情懷。但如果說，將軍澳有個「彩虹邨 2.0」，你會相信嗎？**

## 彩色海洋風情

翠林邨在 1988 年落成，為將軍澳第五區[1]的公共屋邨，屬最早建成的公共屋邨之一，是繼寶林邨後的第二條公共屋邨，亦是將軍澳新市鎮內唯一建在非填海土地上的公共屋邨。觀望翠林邨，你會發現具地標性的彩色噴泉廣場，可惜廣場旖旎不再，水池內再沒有流水；觀眾席上亦再沒有觀眾，如同一個被封印的遠古祭壇，那種荒涼感與本身的繽紛色彩形成了強烈的反差。

明明皆是「彩虹」，為何一個人山人海，一個卻如無人之境？不難想像，可能因為翠林邨位於較遠離市區、地勢較高的山上，因此較少人會特意跑到山上朝聖，但正因如此，才保留了桃花源般的純樸面貌。

彩色噴泉廣場中央的水池呈貝殼狀，彩虹如漣漪般由池邊蔓延至階級頂部。階級依山而建，超過十層，規模之大令這成為居民大會的最佳場地。很難想像在非填海的將軍澳公共屋邨中，竟然能尋獲海洋風格的建築，感覺就像發現擱淺在山邊的貝殼般荒幻。熟悉將軍澳區的街坊會發現新都城二期商場外圍亦有偌大的貝殼裝飾，像是隔空呼應。

[1] 政府在發展將軍澳新市鎮時，將之劃為不同分區，詳情可參閱城市規劃委員會的《將軍澳分區計劃大綱圖》。https://www.tpb.gov.hk/tc/list_of_plans/plan_schd_ozp.html

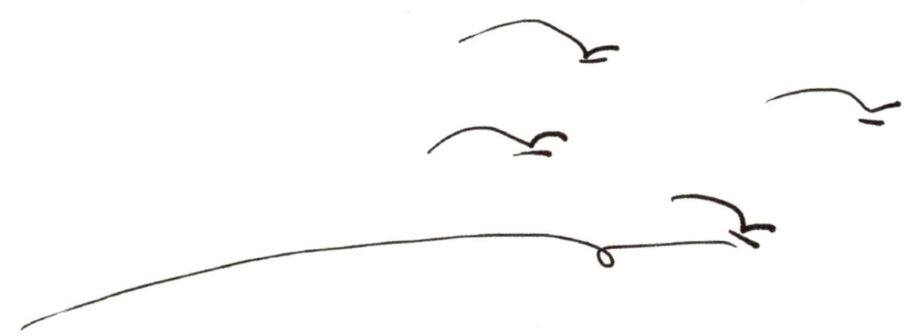

若你打算到此一遊，不妨先到坑口買杯注滿彩色珍珠的茶飲，再乘15號小巴往翠林。記得留一顆珍珠別吃掉，待會用作「打卡」道具！想像琥珀色的珍珠，在日光下閃閃發亮，加上貝殼及滿地彩虹，成為一個絕美彩色畫面。

## 「世界級」幾何設計

每年初秋，柔和微風和陽光滲進彩色噴泉廣場，當你環顧四周，整個空間被高聳大廈包圍，如同置身在「城中城」的設計之中，非常耐人尋味。另外，想散步的話，你也可從一道懸浮於中庭半空的天橋上漫步，再踱走到舞台中央。雖然水藍色磚池再沒有流水，卻會令人產生一種身處在海洋中的錯覺。說起「水不復見」的情況，蓋因維護成本高昂，各區不少設施——如同區的健明邨水飾園和將軍澳廣場三層瀑布——都停止供水，幸好厚德邨仍然罕有地保留水體，讓人體驗「活水」流淌的社區生命力。

在翠林街市那一層，有一條藍色天橋，粗獷的混凝土與藍色的金屬圍欄在陽光映照下，幾何線條灑落在橋面，與另一邊由翠林商場通往對景明苑的紅黃色天橋相映成趣，色彩大膽鮮明。這道藍色天橋的圍欄採用通透的幾何條紋設計，令人有種懸浮在半空的感覺，跟一般港鐵商場中的密封天橋相比，更能凸顯與周遭環境的連結。

跨過天橋來到景明苑，這屋苑坐擁遼闊翠綠山林，在景觀平台花園的休憩區中有個看似有瓦遮頭的普通空間。但其實當你往天仰望，便可從一處獨特的狹縫中瞥見一小撮天空。而幸運的話，還能從中一探日

落西山的一刹。這種獨有的漏空設計，可見昔日建築設計師的心思，設計不但可以增加通風，更似是在呼應「街影法」[2]的公共衛生思量——與其將空間密封，為何不讓一絲陽光透進來？

走到翠林邨的平台邊緣，你可以更了解居民如何善用公共空間：在欄杆上曬被、在空地中晨運或坐下閒聊，周遭充滿生活氣息。圓角方形小涼亭和鈍三角形花圃相映成趣，你亦能夠近距離看見電纜上懸浮的「高爾夫球」，綠中的一點白成為山景的點綴，畫面逗趣。

## 千鶴の瞳

往翠林邨平台上層，工整的幾何建築映入眼簾，就如一群仰望天空的彩色紙鶴*，而「鶴嘴」從不同角度觀看，會幻化成不同形狀。翠林邨這些色彩鮮艷的角落，不禁令人聯想到丹麥哥本哈根的彩色小屋，整齊、和諧一致的建築外觀，卻各自有着不同細節，令人驚覺原來將軍澳也有「世界級」景觀。翠林邨裏各種「大放異彩」的建築細部與各幢白色的住宅大廈拼在一起，令強調幾何線條的設計美學更顯鮮明，親臨其境所帶來的震撼，絕對不比彩虹邨遜色。翠林邨的活潑用色與幾何美學，不但令生活環境更加悅目，亦發揮了為居民提供生活及休閒空間的實際作用，達致美學與實用的平衡。

[2] 街影法是港英時代的香港建築法例，1969 年時政府於香港《建築物（規劃）規例》中加入限制建築街影的要求，確保街道日照和空氣流通，規例於 1987 年被撤銷。香港曾經歷過不少瘟疫、如 19 世紀末的鼠疫和始於 1968 年的香港流感等，促使政府正視公共衛生。尤其在 1960 年代，香港剛轉型作轉口港，如被列為疫埠，對經濟以至整個社會都會造成衝擊，因此政府由英國引入街影的概念，促成香港街影法的規劃，保持城市空間有合理的日照和通風。

*** 活動：千鶴祈願**

把願望寫在色紙上，再摺成紙鶴，並在相應顏色的鶴咀下誠心許願，讓象徵希望的千鶴の瞳祝福你願望成真。

# 16

# 茵怡：秘密花園

文：佘汶慧、司徒曉晴 ｜ 攝：陳朗熹、司徒曉晴

茵怡花園樓宇高低有致，並非倒模設計

中央廣場、黃色柱廊與不再噴水的噴水池

## 承載理想生活願景的建築設計

當你走進位於寶琳的茵怡花園中央廣場時，涼風從四面八方穿透進來，金色斑駁的暖陽一片片鋪在地上。屋苑格局方方正正，廣場被恍似巨石陣的黃色方形柱廊包圍着，中間的水池已不再運作。抬頭一看，七棟住宅樓宇各有高低，並非倒模式設計的一般屋苑。外牆中性低調的綠色配搭辨識度高的紫和黃，令茵怡花園看起來格外醒目。

通往街市與屋苑平台之入口，上方懸浮着獨特的導風天幕

在名為「茵怡市場」的街市門前，沿樓梯拾級而上，可以在橋上更高的視點俯瞰中央廣場和遠處的建築物，亦可近距離欣賞為居民遮風擋雨近三十年的巨型導風天幕。居民每天都會利用橋穿梭，在家和家以外來回往復。

茵怡花園是香港第一座全面以環保理念規劃的房協屋苑，由吳享洪建築師設計，1998 年榮獲香港建築師學會銀牌獎。今時今日身處其中，仍然可感受到採光充沛與通風良好等優點。

如克力架餅的混凝土隔音屏障

## 茵怡花園的秘密花園

繼續沿天橋通道前行，就會抵達茵怡花園的私人範圍。如果你有幸遇上一位活潑開朗又健談、忙着翻泥種花的伯伯，那應該就是茵怡花園的花王（園丁）了。花王照料這屋苑的花草樹木已有一年多，除了工作，也會熱情地跟回家的住客打招呼。

充盈的陽光吸引了不少街坊落樓曬太陽

除了住戶平日享用的花園設施，花王伯伯還打理着一片「秘密花園」。所謂秘密花園，其實是茵怡花園園藝部的工作間，平日並不開放。小花園內放滿了一盆盆植物，品種隨時節更替——譬如聖誕過後、迎接農曆新年之時，「過期」的聖誕花都回收至此，靜候下年聖誕節來臨時再次「出動」，為茵怡花園增添節日氣氛。至於花園一角的木瓜樹，則並非用於裝飾屋苑的觀賞性植物，而是花王自己的「寵物」。秘密花園雖然狹小，但一草一木都養得飽滿精神，讓人充份感受到花王的敬業樂業。

茵怡花園的「秘密花園」，除了用作培育和擺放置植物，也是存放園藝工具和讓花王休息的空間

## 冬季「孤植」的雞蛋花

離開綠意盎然的的秘密花園，回到地面，如果你走到屋苑面向寶康路那邊，會看到一道猶像古希臘建築的巨型壯觀白色柱廊。因每條柱子的左右兩旁都種有雞蛋花樹，井井有條的模樣讓人聯想起守衛宮殿的士兵。雞蛋花樹又稱「鹿角樹」，每逢冬季樹葉落盡，禿枝便會形如抵禦嚴寒的鹿角。比起盛夏的繁花似錦，秋冬時雞蛋花清冷的模樣，具有另一種獨特美感。冬去春來，嫩葉再生，花兒也開始長成。每朵雞蛋花由五塊外白內黃的花瓣組成，與銘黃及米白色的牆身互相映襯，象徵希望與新生來臨。[1]

[2] 雞蛋花的花語是希望、復活、新生、平凡的愛。

## 後記

「你哋影咩？呢度有咩好影？仲以為你哋搵到好地方影相嗘……」一名路過的茵怡花園街坊在我們遇上花王時拋下一句。當時我們回答不了這個問題，後來回想，其實如果將每日經歷的人和事記錄和結集下來，就會產生名為「故事」的果子。曾經，我們也認為這個尋常的將軍澳沒有甚麼可以説，但只要多一些好奇，多一點關心，故事便會湧現。

# 17

# 欣明景林：遊園趕集

文：鄭穎茵、蔡家亮、伍浩賢 ｜ 攝：鄭穎茵、蔡家亮、陳朗熹、凌濼軒

位於寶琳、同於 80 年代末興建的居屋欣明苑和公屋屋邨景林邨，恰巧都設有中式園林：欣明苑以翠綠色的樓宇配搭粉紅色的涼亭和小橋；而景林邨剛剛相反，以粉紅色的樓宇，配搭碧綠色的涼亭和曲橋。居民每天出入都能遊走於假山瀑布之間，跨過小橋流水，彷彿活在新舊交融的山水圖卷中。同時到訪這兩座屋邨，就恍如一場新市鎮遊園記，探索現代建築之外，亦能一睹將軍澳的另一種詩情風貌。

## 四君子之家——欣明苑

欣明苑位處寶琳站東北面，五幢樓宇取名自「花中四君子」，分別為欣梅、欣蘭、欣菊、欣竹閣，以及欣松閣。欣明苑鄰近沒有其他屋邨，獨處一角。屋苑內亦只有一間便利店及已告結業的幼稚園和教協中心，因此極少外人進入，猶如四君子般獨行，不與世俗為伍。

欣明苑遍植林木。正門旁邊有數株幾層樓高的菩提樹，可惜 2018 年被颱風山竹吹倒，街坊再也不能在家中窗口望見葉子隨風飄動，亦不能撿拾遍地心形葉子了。

進入欣明苑的中間的空地，欣竹閣旁有一個小水池，由小橋橫過分成兩邊。一邊有座小涼亭，常見居民在此閒坐閱報。池畔一排三四十隻手掌大的巴西龜在乘涼。另一邊，矩形假山石間流水淙淙，亦有數十尾錦鯉在暢泳。居民總是三三兩兩在此晨運拉筋、坐着輪椅曬太陽，邊看小孩嬉戲。

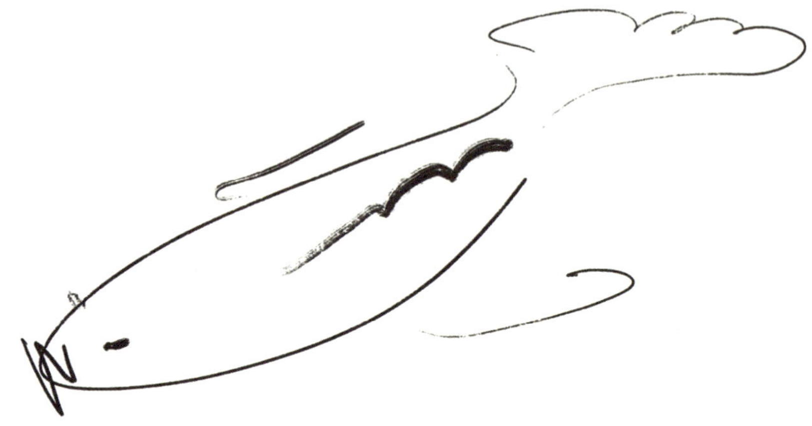

紫嘯鶇於欣明苑正門圍欄，守護附近的鳥巢

每年中秋是這個小庭園最熱鬧的時刻。居民在池邊開出摺枱、攤開地蓆，放滿水果零食。大人賞月聊天，小孩燃點蠟燭，燈籠如列星，水池倒映燭光，笑啼雜之，如沸如撼，不亦說乎。

由於樹木茂密，欣明苑廣受雀鳥歡迎，到處都可以聽到鳥啼。春天噪鵑日夜不停地「哦嗚、哦嗚」，還有紅耳鵯、鴿子、麻雀等，彷彿一場合唱表演。除以上至為常見的雀鳥，不時還能在矮樹中發現紅嘴藍鵲。某年更有紫嘯鶇在居民屋簷下築巢，生了三隻小雛鳥。

## 山林深處人家——景林邨

離開欣明苑，沿欣景路可走到景林邨正門。景林邨的名稱讓人聯想起壯闊茂盛的森林。的確，景林邨多幢樓宇均以不同樹木命名，有景松、景欄、景棉、景楠、景桃、景榆、景榕樓。屋邨左右被鴨仔山和將軍澳鐵路上蓋林蔭步道包圍，形成一片鬱鬱葱葱、山林深處的清幽氛圍。

進入這片「粉紅山林」，左前方隆起的小丘上有第一座大涼亭。這是一座圓亭，可以背靠石圍欄，隨意閒坐在一圈石櫈上。沿石級下來繼續前行，便會聽到水聲傳來。抬頭一看，便見流水從嶙峋山石飛瀉如瀑，形成一個大湖。

再走幾步，你可以踏上石橋，看錦鯉和巴西龜暢泳其中，猜猜牠們會否鑽過橋底游到湖的另一邊。這道橋的位置，剛好在整座屋邨的中心，成為居民每日必經之處。

湖的另一邊有一座曲橋，橋頭有一口「水井」，原來它內藏屋邨設施。井口又闊又大，吸引小朋友來玩，不過它已封好，完全不怕「孺子將入於井」了！

請沿曲橋走到第二座大涼亭。這是一座方亭，四邊被湖水包圍，你可以倚在亭邊的美人靠，遙望樹影婆娑，清風送爽。

白牆中間鑲着的青花通心方磚，透現園林的另一邊。

數到景林邨的地標，當然是這艘石船！船上有一半圓形拱頂，像山水畫的烏篷船。登上石船，倚欄觀景，彷彿身處江河之中，山水多了動感。登舟待便風，月色暗朦朧。日子似水流年，石船不經不覺已經泊在此間三十多年，從未離去。整座園林，就算未做到五步一趣、十步一景，也相當精彩了。

在石船旁邊穿過青瓦白牆月洞門，便到達第三座大涼亭，也是全個園景最大的一座。這是區內最大的棋藝切磋勝地，尤其在午茶之後，三張方桌戰陣之外圍上幾層的棋友一同觀賽，一時全神貫注，一時拍掌驚呼，不顧亭外是晴是雨，不小心又花了一整個下午，回家後又要被家人嘮叨一番了。

租車後別忘了在「凱旋門」前與單車合照，祝願旅途愉快，凱旋歸來

街市外設有一條小食街，售賣各式各樣的美食

從大涼亭下來，便能走入「村落中的市集」，方便居民購買日用商品及使用不同服務。隨着將軍澳單車徑網絡漸趨完善，管理公司基滙資本在2021年讓旗下的景林商場搖身一變，成為以單車作主題、色彩斑斕的「單車駅」。商場引入社區單車生活圈概念，提供一站式單車服務，包括租借、零件維修、課程、儲存櫃及停泊處等。

與商場相連的景林街市，其設計同樣充滿單車元素——天花以單車組件、頭盔、運動衣飾等組成，彷彿是單車手專屬的模型組件；店舖牆身掛上單車裝飾，寓意貨如輪轉；地面也鋪上將軍澳街坊熟悉不過的單車徑。

景林邨結合了中式園林及新式商場，讓居民既可以欣賞怡人園林風景，亦可享受生活之便，為居民提供了一個遊賞及生活皆宜的社區。

## 結語——園林之家

一方水土養一方人，在園林的滋養下生活了二、三十年，已經習慣了家門前要有山有水。居民每天回家的路，看似普通平凡，卻能飽覽園林風光，享受一種有別於居住在鬧市的詩情畫意。人道我居城市裏，我疑身在萬山中。

# 18

# 尚德：曾經的雀園

文：蔡家亮 ｜ 攝：凌濼軒

**在生活將軍澳多年，對尚德邨的印象只有「尚宵」和大型體育用品店，但原來邨中另有乾坤。**

尚德邨不僅是將軍澳市中心首個屋邨，更是全港首個採用雀鳥為設計主題的屋邨。雖然現時部分設計已被拆掉，但邨內仍能找到不少痕跡。當你穿過尚德商場（現稱 TKO Spot）的後方，不遠處就有兩個很特別的指示牌，頂部各有一個雀鳥雕塑，左邊的牌寫着「Sheung Tak Bird Court」，而右邊的牌則寫上「尚德雀園」。值得一提，牌上的字體設計與尚德商場早期使用的標誌，屬同一款式，予人生動活潑之感。

「尚德雀園」是邨內的公園，曾於 2018 至 2019 年進行翻新。園內原有兩個雀鳥主題噴泉，可惜噴泉荒廢多年，在翻新後被移除，現址放置了一些長者康體設施。

**任務**

找出尚德邨內所有雀鳥雕塑，用鏡頭捕捉它們，來一趟真人版 Pokémon GO ！

現已拆除的噴泉。
照片來源：Grassroots O2（2015 年）

## 尚德商場

尚德商場於 2012 年下旬更名為尚德廣場，再於 2019 年 12 月改名為 TKO Spot。商場中庭設有觀光升降機，為區內罕見。不説不知，原來商場中庭頂部曾設有一個雀鳥主題的報時鐘，會於指定時間響聲報時，可惜因為製造廠商缺乏零件，難以維修，報時鐘後來被拆卸，令人感到無奈。[1]

昔日的報時鐘現時已換上迪卡儂（Decathlon）的廣告牌。這品牌於 2019 年進駐商場 3 樓全層，成為全港最大的運動用品零售門市。自此，商場踏進一個新階段，其命運亦從此被改寫。商場於同年改名為「TKO Spot」，並以健康生活文化作定位。商場內外都掛上運動品牌的大型廣告牌，集中以迪卡儂旗艦店為主力賣點。

另外，商場與屋邨之間設有一個多用途活動場地，名為「十二生肖廣場」。廣場中心刻有十二生肖圖案。十二生肖每十二年便完成一個循環，每個生肖環環緊扣，就像屋邨與商場之間，同樣密不可分。

在房署管理年代，尚德邨與尚德商場同樣以雀鳥為設計主題，彼此呼應。隨着時光飛逝，邨內的舊事物逐漸消失，只留下深深烙印在街坊心中的記憶。

[2]〈TKO Spot〉（2023 年 12 月 26 日）。《維基百科》。取自 https://zh.wikipedia.org/w/index.php?title=TKO_%20Spot&oldid=80244406

尚德商場原有的雀鳥主題大鐘。照片來源：Wpcpey，攝於 2011 年。

# 19

# 厚德：冰島美學

文：伍浩賢 ｜ 攝：凌濼軒、伍浩賢

**「你相不相信這個世界上有飛碟，尼斯湖有水怪？」**

不管你是否相信飛碟和水怪的存在，在電影《回魂夜》的世界裏，鬼魂確實存在於厚德邨。當年《回魂夜》借用未入伙的德裕樓和厚德商場拍攝大部分場景，包括墮樓李氏夫婦躺臥的迴旋處及追逐無頭鬼的商場走廊。如今電影的經典對白仍為人津津樂道。

「想像力比任何知識都重要，想像力可以把不可能變成可能。」

只要運用你的想像力，在厚德邨也可以感受到冰島之美。因厚德邨的灰藍色調略帶陰沉感，令人聯想到那個日照稀少、滿佈火山灰燼和海冰的遙遠島國。

晚上從厚德商場二樓平台可以鳥瞰電影場景——迴旋處連水池及仿羅馬式有蓋走廊。

車水馬龍的常寧路，如割裂冰島的大洋中脊般，將屋邨分隔兩岸，行人需穿過商場天橋才能抵達彼岸。加點想像，兩岸之間滿佈如熔岩凝固而成的火成岩，從地表裂縫湧出，向邨內層層進逼。

從顏色及物料可分辨邨內空間（灰色）和公共通道（紅磚），標誌了兩者之間的界線，亦反映了土地業權和街道設計的分割。

棄置的卡板與叢生的植物營造出一種荒廢感，頗像電影中卧底秘密會面的場景。

邨口至厚德商場外有一幅大壁畫，從中你能找出多少將軍澳元素呢？壁畫無聲，卻在默默訴說將軍澳的故事：進出將軍澳的方式、厚德商場舊模樣及商場天橋等。若只看壁畫呈現的面貌，會令人感覺將軍澳是個交通便捷且生活配套充足的健康新市鎮。然而，這又是否將軍澳的真實狀況？

TKO Gateway 停車場是厚德邨的地標，外圍及中庭種滿綠色植物，可謂「真．石屎森林」，生機盎然的植物與人工混凝土營造出極端的對比。走在迴廊向上觀望，多層停車場的天井剪影出一片圓形的藍天白雲，令人有如置身藍色冰洞內仰望天空，內心種種煩惱憂慮都隨雲朵飄遠。

乘升降機抵達停車場頂層，可眺望到截然不同的風景，一方面可像模擬都市遊戲般以上帝視角細察街道與行人的流動，另一方面則能借上方的藍色圓環「框住」將軍澳的景色，以特別的構圖留住美麗的時刻。

日落時分，金黃色的夕照落在大廈外牆，被藍色圓環框起。

沿有蓋走廊進入與厚德邨同期興建的頌明苑，可在賢明閣與輝明閣之間欣賞另一地貌。無數筆直的岩柱或高或低，密密麻麻地聳立在乾涸的水池一側，就像冰島熔岩遇冷凝固、池水遇熱蒸發殆盡的模樣。

建議你在學校旁的流動圖書館[1]借一本書，挑一個池邊的亭，任瀑布與書頁洗滌內心繁雜。讀到倦了，便到魚池欣賞悠悠擺尾的錦鯉，與背後的山水共同勾勒出水墨畫的詩意。

日落西山後，定要欣賞屋邨難得一見，約十米高的噴水池。當水池後的涼亭亮燈，隔着水池去看「間歇泉」噴發一刻，水柱與背後「極光」互映成一幀絕美的畫面。然而，噴泉間中會歇息，有時池水甚至被抽走，想要捕捉黃金畫面，還需視乎天時地利以至……運氣。

在冰島，萬物都處於不確定的狀態：熾熱的熔岩流淌於冰天雪地之上，誰也難以預測最終凝定的模樣。厚德邨的一切也如大自然般變幻莫測，我們無法得知間歇泉何時歇止、流動圖書館何時流走。屋邨的風景看似風雨不改，但不同的人文活動，卻時刻賦予此地獨一無二的新意義。讓我們以新的方式、新的視角去認識這條屋邨，以至周遭平凡但美麗的日常風景。

[1] 流動圖書館有指定開放時間，詳情請參閱香港公共圖書館網站。

# 20

# 健明：日月星辰

文：蔡家亮 ｜ 攝：陳朗熹、梁瑋鑫、凌濼軒、謝冠東

於 2003 年 2 月入伙的健明邨驟眼看似平平無奇，但其實內有乾坤。屋邨入口展示着的健明邨標誌，主體為甲骨文「明」字。「明」由「日」、「月」 二字組成，從日月引伸出星辰，再聯想到浩瀚宇宙。也許，這就是健明邨宇宙主題的靈感來源。

樓層數字皆附有星球圖像背景。攝：梁瑋鑫（2003 年）

行人通道上蓋的星星圖案。

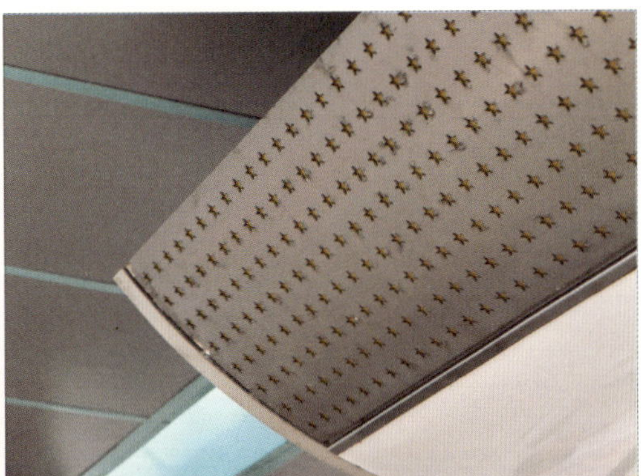

攝：梁瑋鑫（2003 年）

星形垃圾桶。攝：謝冠東（2005 年）

只要踏入健明邨，你就會不知不覺間被宇宙行星包圍。邨內大部分樓宇都是按日月星辰主題命名，包括：明宇樓、明宙樓、明星樓、明域樓等。在邨內行走時，你會逐漸發現各式各樣的宇宙元素，諸如行人通道上蓋的星星圖案、頂着星星月亮太陽的標杆藝術裝置，甚至連遊樂場內的垃圾桶都是一顆大星星！

健明邨有一個地標，就是位於明宙樓及明星樓之間、約七、八層樓高的「建采樓」。鐘樓頂部的四面分別顯示了時間、風向、相對濕度及日照。在開邨初期，鐘樓每小時會以音樂報時，唯現時已停止播放。

不說不知，原來邨內行車路旁的欄杆鐵柱曾附有五角星裝飾。在 2010 年 11 月，一名海關關員在追捕走私私煙疑犯時，不慎撞向金屬星星令肝臟爆裂命危，急需換肝保命。事件發生後，居民及議員紛紛對邨中欄杆安全性表示關注，認為設計美觀的同時亦要實際考慮安全。現時，鐵柱上所有五角星都已被移除。

Hok Lane

邨中行車路旁欄杆曾經附設的五角星裝飾，因 2010 年 11 月發生海關關員撞傷意外，被全數移除。攝：梁瑋鑫（2003 年 9 月）

屋邨外牆原本掛着許多星座介紹牌，損壞後被拆除。攝：梁瑋鑫（2014 年）

[1]《香港公共屋邨圖片集》（2014 年 2 月 21 日）。〈健明邨萬千的皎潔星座圖〉。取自 https://www.facebook.com/photo/?fbid=615050585237014&set=a.561045587304181

[2]〈彩明商場〉（2024 年 3 月 22 日）。《維基百科》。取自 https://zh.wikipedia.org/zh-hk/ 彩明商場

彩明商場二期扶手電梯上方，曾經設有太陽系星球裝置及地球的太空照片。攝：梁瑋鑫（2014 年）

消失的宇宙痕跡不止一處，在屋邨外牆上，起初安裝了不同星座的介紹牌，中英對照，甚有教育意義，但因為陸續受損，早已拆掉。[1]

位於健明邨旁邊的彩明商場分兩期發展，第一期於 2001 年落成，第二期則與健明邨在同年落成啟用，這部分亦沿用了宇宙主題，設有一系列以太陽系為題的藝術裝置。令人印象尤深的是位於扶手電梯上方的一組太陽系星球，旁邊還有燈泡摸擬流星閃過。可惜在 2018 年，領展進行商場翻新工程，將裝置移除。[2]

天上的日月星宿，億萬年來靜靜倘佯於宇宙，邁向永恆；地上的人間卻變幻無常，不過十幾廿年光景，屋邨與商場已面目全非。何不抓緊當下，立刻動身尋找健明邨內仍然保留的宇宙痕跡，來一場追星之旅？

# 21

# 健明：太空漫遊

文：凌濼軒

小時候每逢上學放學，總會經過健明邨外的一幅石浮雕。於孩童而言，這只是一堵沒趣的冷灰色護土牆。直至長大後重遊，才發現這幅《景嶺春秋》記錄了調景嶺的每個時代㉕，上方星宿綻放耀眼光芒，見證此地的物換星移。

星光喚起了散落在人們腦海中的碎片——抬頭細看浮雕，就會發現兩旁圍牆高聳，如同鎮守神秘浮雕的武士——健明邨本來就是一座宇宙堡壘，而旁邊彩明商場（新翼）地下的交通交匯處，曾是無數太空歷險的開端。

自少年時代路經此地，時間已流逝了千年之久，往日事物早已殘破不堪，甚或消失。戴上頭盔，心中默念這次的任務：探索這座宇宙堡壘，還原此地歷史。

按照系統指示，先從堡壘門進入。健明邨內地勢最低之處乃商場地下的星際交匯驛站。越接近這座交匯驛站，引力作用越發怪異，扇葉轉動的「隆隆」聲於老舊的通風管道裏不斷迴響。相比鄰近接駁銀河鐵道的星際驛站，此地尤感荒涼，如同被遺留在時間的裂縫裏。[1]這處燈光昏暗，各類交通工具和標記封存了上一代人類的痕跡。

經過幾輛大大小小停泊在此的車輛，來到古舊的移動裝置面前——史書稱這作「扶手電梯」。它感應到我的到來，開始生疏地運行，發出「喀、喀、喀」的聲音。我鼓起勇氣抬腿踏上，但隨着上升，引力失衡加劇，

[1] 彩明公共運輸交匯處自 2004 年落成後，多年來沒有巴士路線使用，經傳媒報道後，運輸署才開放總站，先後有跨境巴士、專綫小巴、繁忙時間巴士路線進駐。直至 2013 年九巴 290、290A 投入服務，此站才開始熱鬧起來。

太空服內的抗引力裝置也招架不住，我唯有拼命抓緊電梯扶手，試圖穩住重心。

奮力站穩之際，上方數顆星體赫然在目。「嗖——」的一聲，一線強光閃過——一群流星竟迎面襲來，我立時蹲下閃避！當流星的一道道光軌逐漸殞沒，周遭又回歸死寂。⑳

自古以來，人類就渴望連接宇宙，對星空有無數浪漫的想像。隨扶手電梯爬升，星際旅人告別了地上的生活，告別了重力，從前那些只能仰望的星體變成觸手可及的日常。此刻驀然回首，才頓覺日月星辰曾是那麼遙不可及。

繼續往遺蹟深處進發，再次搭乘移動裝置到達「地面」。眼前出現一棟又一棟的高樓。這裏想必是前人的聚居地，無機質的磚瓦留不住丁點溫度。此時頭盔內傳來系統的提示：

「三、二、一。」

「全息投影，開始運行。」

投影還原了昔日光景，暫時歸還此地該有的色彩。

身前的綠色柱子約有半個人高，頭盔內置屏幕顯示資料：柱子主要材質為鋼鐵，上方附金屬五角星裝飾。建築是文明的體現，裝飾往往反映建造者嚮往的價值與願景，如此，星柱陣大概寄喻了前人對宇宙力量的仰慕。

一根根柱子頂着繁星，綻放出銀光，如蠟燭列在路的兩旁。但是，眼前的銀色星光在投影的快轉下忽然消散，路上剩下失去火光的蠟燭——是因為浪漫在某時間點開始逝去嗎？還是人們不再仰望星宿？

試圖將投影倒帶，從年月中尋找答案。原來在公曆 2010 年，一名海關關員在此追捕疑犯時，意外跌倒撞向鐵柱，星星尖角傷及肝臟。事後，鐵柱安全性受質疑，所有柱上的五角星都被移除。⑳

根據投影資料顯示，五角星不是唯一的逝者，來自堡壘塔頂的樂韻也一同淹沒在洪流之中。啟動腳下的重力消除裝置，一躍而上，在半空端詳這座約七、八層樓高的灰塔，發現原來這是一座曾具有報時功能的鐘樓。

鐘樓頂部四面分別顯示不同資訊：日照、時間、濕度及風向。健明邨落成初期，鐘樓每小時會播出一段音樂，惟現在已不再運作。鐘樓中間有一道螺旋樓梯，但連同底部大門長年深鎖。

隔着太空服輕撫鐘樓外牆，五指末端的感應器嘗試還原真實的觸感——感覺冰冷且表面光滑，但設計有種無以名狀的違和。這種鐵皮應該不屬於建築物興建的時代吧？系統再度傳來提示：

「鋅鐵皮為此地舊日平房區的建造材料之一，鐘樓建造者為向歷史致敬，以波紋鋁板模擬舊平房風貌。」㉕

植物不只為建築群披上了綠衣，連一切前塵也一併蓋過。
「重力消除功能……關閉。」

從半空緩緩降落。仔細視察後，關於此鐘樓的資料已經記錄下來，希望能夠填補歷史的缺失。

繼續於建築群裏遊走，發現走道上蓋也有五角星的鏤空雕花。上蓋坑坑窪窪，偶有幾個洞，大概是被墜落的小隕石砸出來。這些有蓋走道確能為旅人提供保護，畢竟被隕石碎片砸中可不是開玩笑的。而且這些走道四通八達，基本上能通往建築群內所有大樓。經考察後，發現每棟大樓均有一套命名邏輯。樓宇名稱以「健」、「明」作開首，前者配以「晴」、「華」、「曦」、「暉」等與太陽有關的字眼，後者則配以「宇」、「宙」、「星」、「域」、「日」、「月」，整體以宇宙恆星概念貫穿。

空中紅日以光華織出的晨曦與餘暉，大概是每個星際旅人離開地面後最朝思暮想的光景。衝破大氣層，在無垠宇宙和星域間穿梭，懷抱日月。

攝：方泳婷

## 文化

# 踱踱步——走進在地文化地景

# 23

# 公共藝術：演繹社區

文：鄭穎茵 ｜ 攝：陳朗熹

**當我們經過公園、路過車站，有時見到別出心裁的藝術作品，讓我們會心微笑。現在就把這些作品串連在一起，看看它們常見的題材，從中可見藝術家對將軍澳的印象和寄語吧！**

## 城市變遷——萬丈高樓從泥地起

將軍澳新市鎮的土地大多填海而來，沿岸村落大多遷移至地勢更高的山腳附近。幾件作品均以鄉村變城市為題，作品的完成年份更橫跨近二十年，可見這個題材歷久常新。

### 《理想居住地》 朱卓慧

想像你是畫中年代的村民，你會住在哪裏？你喜歡這個地方的甚麼特徵？

塑膠彩布本繪畫

2013

藝聚政府大樓 2012-13：視域新景象

西貢將軍澳政府綜合大樓地下大堂（坑口社區會堂門外）

### 《樓樓起樓樓》 黃國才

參考畫上鄉村景觀設計圖案給予的線索，試試想像三十年前新都城仍未興建的「大笪地」，你會見到甚麼呢？

噴砂玻璃壁畫

2002

「港鐵 · 藝術」計劃

寶琳站 A1 及 B2 出口

你能認出座椅是哪一座建築嗎？四組設計中你最喜歡哪一組設計？為甚麼？

座椅設計配以仿攝影背景

2020

「港鐵 · 藝術」計劃

調景嶺站下層月台

## 《轉化歷程》 Apo Kyra Lan、陳俊汝、陳采欣、何兆豐及羅美婷

## 健康城市——充滿運動的活力

對很多居民來說，「健康城市將軍澳」就是擁有各式各樣的運動設施和場地。運動亦成為不少藝術家的創作題材。

想像你正在打這個巨型網球，你的動作是怎樣的？你的表情是怎樣的？和雕塑一起合照！

塗漆不銹鋼雕塑

2011

西貢區議會公眾藝術計劃

寶翠公園 7 號網球場入口前

## 《跨越》 曾章成

選一個笑着的嘴巴，數數用了幾多種顏色的玻璃磚？[1]

玻璃磚馬賽克壁畫

2011

西貢區議會公眾藝術計劃

寶康公園滾軸溜冰場和緩跑徑之間的弧形牆壁

## 《歡笑躍動》 何遠良

[1] 藝術推廣辦事處（2011 年 8 月 29 日）。〈西貢區議會公眾藝術計劃 2009 之「歡笑躍動」〉。取自 https://www.facebook.com/media/set/?set=a.240248826016206&type=3

**《運動遊玩圈》** 吳焯杰、吳世豪、鍾華壽、謝振昇

用身體不同位置接觸作品不同顏色的部份。你能想出幾多個「玩」它的方式呢？

塗漆不銹鋼及環保塑木裝置

2015

公共藝術計劃—將軍澳市鎮公園、室內單車場及體育館

香港單車館公園

## 夢想中的家庭生活

新市鎮的各種宣傳品中，經常出現一家樂也融融的影像。區內多件藝術品亦着力表現大人與小孩親密互動的一刻，寄託了藝術家對家庭生活的想像。

**《回家路上》** 金庚民及隊員：葉志霖、葉依琳、金庚錫

兩件雕塑分別用甚麼方法，令你感受到踩單車的樂趣？它們分別描繪怎樣的家庭生活？

不銹鋼、青銅及聚胺脂漆裝置

2014

公共藝術計劃—將軍澳市鎮公園、室內單車場及體育館

香港單車館公園

**《郊遊》** 高勤虎、葉志霖、葉依琳、金庚錫

高勤虎、葉志霖、葉依琳、金庚錫

焗漆不銹鋼雕塑

2014

公共藝術計劃—將軍澳市鎮公園、室內單車場及體育館

香港單車館公園

《親親》 董靜芬

細心觀察媽媽和小孩的表情；你最近一次親吻家人，是甚麼時候呢？

銅及人工石雕塑

2011

西貢區議會公眾藝術計劃

寶康公園草坪

**以上題材的公共藝術品，可有引起你對將軍澳的共鳴？你認為藝術怎樣演繹社區特色呢？**

參考資料

1 藝術推廣辦事處。〈我地藝術〉。取自 https://www.apo.hk/tc/web/apo/apohere.html

2 香港鐵路有限公司。〈港鐵·藝術 — 車站藝術品〉。取自 https://www.mtr.com.hk/ch/customer/community/art_architecture.html

# 24

# 公共藝術：藝術與我

文：鄭穎茵 ｜ 攝：陳朗熹、鄭穎茵、鍾惠恩

**從居民的角度來看，「屋企樓下的公共藝術」作品是怎樣的？齊來發掘日常生活中的有趣體驗。**

## 在吣吣聲環繞中靜觀風景——再思場域特定的經驗

鐵路是進出將軍澳最主要的交通工具，想像一下，在繁忙的轉車月台觀賞藝術品，會是怎樣的體驗？

朱興華兩幅位於調景嶺站的作品，以簡單的線條呈現簡樸稚拙之趣，偏淡和偏冷的用色營造出清新且悠然自得的氣氛。然而，無可避免地，你會同時聽到月台上密集的廣播聲，以及扶手電梯無間斷的吣吣聲。

這是城市車站中場域特定（site-specific）的經驗。有評論曾如此形容朱興華的作品風格：「能從生活中發現美，從藝術中找到快樂……他的畫一直帶着我們穿過石屎森林去尋找那遙遠的精神故鄉」。[1] 應用在調景嶺轉車站這樣特殊的環境，要接納環境聲是作品觀賞經驗的一部份，才可理解到在俗世煩囂中走進風景的特殊意義。

[1] 陳奉京（2019 年 4 月 29 日）。〈【香港藝術】朱興華：發現生活之美〉。取自 https://zhuanlan.zhihu.com/p/64243702

## 《粉紅嶺峰》、《美景漫遊》 朱興華

站在左穿右插的人群中間，嘗試靜下來觀察，這兩幅作品中深淺有致、閃閃生輝的階磚是怎樣排列的呢？

瓷磚壁畫

2004

「港鐵 ・ 藝術」計劃

調景嶺站上層月台

## 居民參與，構成作品重要的意義

上篇提到的《跨越》和《歡笑躍動》於製作時均有公眾參與的部分，而《運動遊玩圈》更鼓勵遊人跟它互動。當代公共藝術越來越着重在創作過程中與公眾互動，成為一種營造生活環境美學實踐的協同參與過程。正因創作過程融合了公眾參與，作品更加能夠引起社區共鳴與認同。還有另一件與運動相關的作品《水泥乒乓球枱》，特別看重公眾參與的意義。

三位藝術家希望以藝術形式，把隨城市發展而逐漸消失的體育設施，重置於新體育館旁，製造有趣的錯置效果。他們遍尋二十多座屋邨，覓得愛民邨拆卸的水泥乒乓球枱。你不用訂場，就可以在此打球，甚至自由使用這個社區空間，在新的社區延續舊式屋邨那種不用刻意安排的公共互動。它讓我們反思社區設施、空間規劃，及其對社區的意義。

### 《水泥乒乓球枱》 張景威、鍾惠恩、吳家俊

除可在這個作品打球，也可走五分鐘路程到彩明苑的水泥乒乓球枱，繼續賽事，感受在屋邨露天環境下打球的氣氛！你聽到甚麼環境聲呢？有街坊過來觀賽和聊天嗎？

裝置

2019

公共藝術計劃 2015

調景嶺體育館平台

## 佚名的作品，每一個人可以有不同的詮釋

當我們偶然在社區的公共空間見到一些沒有標記的裝置，可以怎麼入手去理解作品呢？

公共藝術有幾項公認的基本屬性：公共性、藝術性、在地性。如果我們得悉創作年代、地點，可以從當時的歷史、文化，推敲它可能回應社會的意思。如果我們得悉它的創作人，可以從創作人生平，其他類似作品的題材、創作手法等方面分析作品。若然欠缺這些背景資料，也可就地取材，仔細觀察作品的視覺元素、風格特色，以及與周遭環境的關係。簡而言之，每個人都可以用自己的經驗和角度去詮釋，藝術的世界沒有標準答案。接下來 ，就讓我們一起推敲以下佚名作品的心聲吧！

調景嶺健明邨垃圾房外的牆身，有兩幅一式一樣的浮雕，由正方形的雕版砌成。每款雕版上都佈滿大小不一的中文字，一款以陽刻寫上「將軍澳女皇　開拓新天地　調景嶺樂土重現　萬歲　健明邨背山面水正環境」；另一款引用杜甫〈茅屋為秋風所破歌〉[2]，以陰刻寫上「廣廈千萬間　寒士盡歡顏　建健明　上上下下左左右右前前後後　分開一二台」。驟眼看來頗具曾灶財[3]書法的味道，但這個雕刻的筆劃較為工整，少了一分隨意、即興。

[2] 引自杜甫（712–770）古詩〈茅屋為秋風所破歌〉最後一段，原句是「安得廣廈千萬間，大庇天下寒士俱歡顏，風雨不動安如山！嗚呼！何時眼前突兀見此屋，吾廬獨破受凍死亦足！」詩人想到了世上與自己一樣貧困受凍的人，盼望有千萬間大廈讓他們棲身，即使自己凍死也在所不惜，表現了詩人悲天憫人、關懷百姓的胸懷。

[3] 曾灶財（1921–2007）是香港一位著名的街頭塗鴉者，自號「九龍皇帝」，經常以毛筆在街上書寫別樹一格的漢字，講述家族史及宣示對九龍地區的主權。曾灶財的塗鴉曾是香港人熟悉的城市風景，但很多作品已被政府部門移除，只有少數墨寶仍獲保留。

修改過的杜甫詩句，跟原作有甚麼不同的意思？在屋邨看到以仿九龍皇帝的字體雕刻的詩句，你會聯想到甚麼？

## 「屋企樓下的公共藝術」還有無盡可能

世界各地的海濱，也許因為海陸相遇，大自然風光結合岸上生活文化，往往孕育出很多知名公共藝術作品。在將軍澳，相信大部份街坊都會同意，海濱長廊是這區最引入入勝、最受歡迎的風景之一。

去年中秋節，西貢區議會撥款購入發光風車裝置。一排藍綠色的風車，沿着海濱長廊的扶手架起，高低錯落，迎着海風轉動。在你心目中，它算是藝術作品嗎？

公共藝術作品，可以突破靜態的視覺藝術形態，呈現更多樣化的可能，以展演、節慶、社區營造等豐富的形式，製造有趣味的相遇機會，在開放和具實驗性的氛圍中，讓作品、環境、創作人與公眾互動及對話，就大眾對群體生活經驗或特定公共議題提出問題和回應，凝聚共識，建立新的地方價值甚至共同體的觀念。

誠意邀請你此刻成為將軍澳的駐場藝術家，創作你心目中的公共藝術吧！沒錯，就是現在！

你的公共藝術作品關於甚麼呢？關於海邊的自然風光？關於岸上的生活？請用手提電話拍下環境照，在照片上畫出你對作品的構想。你甚至可以為作品設計與公眾互動的方案！把作品分享至社交媒體，加上標籤 #tkopublicart ！

## 結語：朝聖「打卡」VS 日常陪伴

如果沒有留意「屋企樓下的公共藝術」，大概以為它只是設計感較強的裝飾，即使有留意，可能只會説一句「哦！」我們很少會特別跟它們合照，遑論主動認識它的創作者和藝術風格。

但假設這些作品突然被移走了呢？經常見到的景觀，甚至遊玩的地方改變了，就好像哪裏不對勁似的，需要一段時間去適應。這就是「屋企樓下的公共藝術」的力量——它們與居民邂逅，為常規環境帶來新意；隨着時光流逝，它們與我們的互動形成集體記憶，它們的陪伴積累成深厚的情感，建構在特定時代的公共意義，成為了我們生命中難以割捨的一部分。

# 25

# 以謎憑弔調景嶺

文：蔡嘉濠、鄭穎茵 ｜ 攝：鄭穎茵、陳朗熹、凌濼軒

居於調景嶺廿載，每天路過健明邨外一幅石浮雕，卻從未考究其細節。後來認識調景嶺的歷史，才驚覺除了山上的遺蹟外，(52)屋邨也處處充滿紀念昔日平房區的設計。這次歷史遊蹤，就從這幅《景嶺春秋》開始。

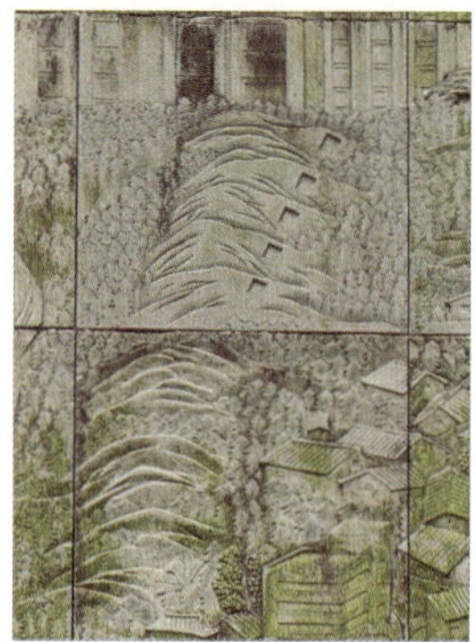

高樓之上，五顆大星與不同星宿照耀。⑳㉑再看山坡高處五個凹入的正方格，不知空格代表甚麼？

## 景嶺春秋

這幅位於翠嶺路與嶺光街交界的石浮雕約四層樓高，[1] 以仿山水畫的風格，呈現調景嶺橫跨數十年的風光。石浮雕由時任房屋署高級建築師岑苑樺提出建造。岑則師除了從事建築設計，也是資深的藝術家，涉獵多種創作媒介，但邨內並無任何有關創作者或作品的資料。[2]

浮雕上的烏篷船裝置，跟停泊在景林邨的相似⑰

[1] 香港房屋委員會（2003 年 9 月 19 日）。〈物換星移　石浮雕展現景嶺春秋〉。《互信》。取自 https://web.archive.org/web/20180617091535/https:/www.housingauthority.gov.hk/tc/about-us/publications-and-statistics/housing-dimensions/article/20030919/whatsnew4.html

[2] 香港現代水墨畫會。〈岑苑樺〉。取自 https://sites.google.com/site/hkmips/home/shum-yuen-wa

## 水飾園

看罷石浮雕，沿翠嶺路繞進屋邨，走到明星樓、明宙樓之間的「水飾園」。水景早已乾涸，餘下四座圓頂方座的石躉，原來是舊調景嶺碼頭的繫纜樁。碼頭拆卸後，它們默默地存放於此，擺放格局狀似棋盤和棋子，各有各的賽道，卻不再有人移動。

水飾園中心是一座船形平台，船上展開遮蔭的帆。登船遠眺，前方有一鐘樓。兩座建築配合旁邊石躉，好比船隻泊岸後，遠航者見到燈塔，就知道家在前方。

遺下的石躉失其本用，失其所在，失其身分

## 建采樓

我們登岸吧！走到這座「建采樓」。它高約八層，外牆以波浪紋鋁板模仿鋅鐵皮，配以不規則的窗戶，回應昔日調景嶺寮屋區的歷史。鐘樓正面兩旁設有一對草書對聯，寫着「弓矢既調左右如一，合力天南織美景」、「嶺嶠已拔山河有序，全心海角建桃源」。對聯由書法家林悅恒揮毫，字句中嵌入了「調」、「景」、「嶺」三字，似是寄語調景嶺重建後，居民有更美好的生活。

離開鐘樓，經過天橋往山下走，兩旁見到仿照飄揚旗幟造型的旗桿，彷彿讓人時光倒流，在碼頭長堤回看平房區旗幟滿山頭。

下山後穿過彩明商場，再經扶手梯抵達彩明苑。原來彩富閣、彩貴閣、彩榮閣中間的空地，是過去碼頭大約所在。這裏有一個雕塑，一邊是遍佈一格格小平房的山坡，代表昔日調景嶺；另一邊是密集而高低錯落的大廈，象徵調景嶺重建後的住宅。雕塑除了「請勿攀爬」的警示，沒有其他介紹。[3]

[3] 梁啟智（2023）。《香港公屋：方格子的吶喊》。香港：春山出版。

雕塑中間不明所以的金屬半球體，鏡面忠實反射現實：雕塑、高聳入雲的屋邨、只剩一夾縫的天空

原來隨着時間流逝，過去社區的人事面貌，隨時被清洗而消失，以致新一代如我，曾以為調景嶺只是一片沒有記憶的新填地。回顧沿路所見，石浮雕題字已模糊難辨，水飾園、鐘樓、雕塑的創作者身分或被隱藏，或因歲月淘洗而不見蹤影。跟委約藝術家創作的公共藝術不同，如果沒有創作意念説明，觀眾難以辨識創作人有否自主表達的訊息。而這些日久失修，又有意無意地略去説明的裝飾設計，對沒有舊區回憶的新一代居民而言，只是生活中意義不大的點綴。若真以藝術和環境設計，好好紀念內戰難民在異鄉徒手成家立業的重要歷史，應當如何？

## 下一站？

旅途尚未完結，你還可繼續探尋更多歷史考察體驗。

A：可前往彩明商場（新翼）地下的巴士總站，乘搭開往荃灣的290線。它與昔日服務調景嶺村的初代290線同樣行經秀茂坪道、順利邨道，載你奔向彩虹。

B：進入港鐵調景嶺站，在最底層1號月台的別緻座椅《轉化歷程》，你可安坐其上，見證眼前列車嗖嗖如同城市脈搏跳動不息，感受身後仿攝影背景拼貼新舊景嶺面貌，好比平行世界。㉓

C：踏上華永行人徑，至近將藍隧道入口處可眺望遺蹟白石柱。以往村民自山腰沿繩而下，在這隱世的小沙灘暢泳消暑。(53)

D：走到海濱公園內的將軍澳南梯台，有渡輪來往西灣河，體驗昔日循水路出入的流動。置身近魔鬼山一帶海峽時，可以想像昔日大批難民在船上，看着周遭茫茫的海迷離撲朔，等待漂蕩到未知的目的地。(46)

# 26

# 年宵市場：祝君安康

文、攝：杜詠晞

**農曆臘月二十五，看到寶康公園足球場上張燈結綵，場地蓋滿密密麻麻的紅色帳篷，你便知道：又是逛年宵的時候了。**

寶康年宵是將軍澳區內唯一由食環署舉辦的年宵，每年都會吸引附近居民一家大細前來。雖不及維園年宵熱鬧擠擁，但高峰時間仍然需要實行人潮管制，排隊進場，單向行走。不少街坊抱着「趁墟」的心態到來，志在感受氣氛。

進場前，記得先到球場正門對面的熟食檔「開餐」。檔口不斷冒出熱騰騰的白色蒸氣，於寒冷的夜晚召喚飢餓的街坊。喝一口玻璃樽裝的熱維他奶，與家人朋友分享一份魚蛋燒賣，便是最佳的熱身活動。

其他年宵總以面積大、攤檔多為賣點，寶康則反其道而行，一個七人足球場已集齊乾貨、濕貨兩區。約一百個檔口擺滿令人眼花撩亂的可愛生肖公仔、喜慶賀年用品、轉運風車、卡通動物氣球、應節零食糖果……節日氣氛滿溢。或許因為寶康年宵的投標成本較低和競爭較少，年宵市場內亦設有特價賣場，出售家品電器，吸引過年前為家居裝身的市民。

不少人的營商經歷始於學生時期，例如於年宵擺攤賣物。逛寶康年宵，你可以一次過認識區內的中學。各校學生身穿校服，努力推銷自家設計的精品。在僅僅一個足球場大的空間內，同學們熱情地向同校朋友、家長、舊生推銷。即使認不出來，隨機拉上五個人，總能搞定一兩單生意。以熱情和「人情牌」招徠，令學生檔隨時成為旺丁又旺財的年宵「黑馬」。

若你走着走着，發現地板開始出現水漬、鞋印，沒錯，你已步入濕貨區。花墟是一片色彩鮮艷的海洋，首先映入眼簾的，是一整排含苞待放的「桃花林」。然後，一群蘭花像蝴蝶一樣翩翩起舞，穿插於素雅的水仙、彩色的銀柳之間。走到盡頭，還會遇上一個震撼的「吉陣」，由上百盤半米高的桔樹排列而成，氣勢十足；總有些孩童忍不住伸手觸碰圓滾的小桔，甚至偷偷摘下，試圖把福氣帶回家中。

寶康年宵是將軍澳區最大型的賀年活動；而逛年宵則是無數區內家庭每年的歲末習俗，承載了居民從小到大，一家團圓過年的回憶。年宵在，家人在，便是新一年最好的祝福。

延伸閱讀

1 寶康公園與遊樂記憶⑪

# 27

# 發展下的迴異命運——坑口村

文：李嵐 ｜ 攝：陳朗熹

將軍澳是距離九龍市區最近的新市鎮。然而在上世紀 80 年代填海發展以前，將軍澳人口不到一萬，集中生活在統稱為「坑口十八鄉」的十八條鄉村。[1] 昔日有山澗從孟公屋村流向海邊，居民在入海口「築牆成坑」，聚居地得名「坑口」；[2] 此處背山面海，曾是將軍澳及清水灣半島一帶的經濟及社會活動中心。[3]

來到今天，坑口只是將軍澳新市鎮八個發展區之一。儘管將軍澳已從一片汪洋，變成容納逾 42 萬人的石屎森林，不少鄉村仍然坐落新市鎮的邊陲，靜候好事者尋訪舊日的蹤跡。

坑口村是一條歷史悠久的雜姓村，至今有三百多年歷史。[4] 在香港開埠初年，坑口一帶開始有造船等工業活動，又因西貢當時欠缺便利的陸路交通，面朝港灣的坑口便擔當區域交通樞紐的重要角色，村人會乘船到筲箕灣採購生活物資，再轉運至西貢。[5] 百業興旺的坑口是十八鄉的中心，至二戰前已發展成繁盛的坑口墟，戰後更成為拆船業重鎮。[6] 坑口村原址為現今將軍澳醫院一帶。港英政府於 1980 年代發展新市鎮、開展填海工程，便把居民安置到鴨仔山旁寓安里的現址。[7]

[1] 1957 年，坑口區鄉事委員會（鄉委會）成立，成員包括：井欄樹村、大埔仔村、馬游塘村、茅湖仔村、將軍澳村、魷魚灣村、坑口村、水邊村、田下灣村、斧頭洲村、孟公屋村、檳榔灣村、上洋村、下洋村、相思灣村、大坑口村、大環頭村、布袋澳村。詳見：葉德平（2018 年）。《坑口風物志：回憶歲月一甲子》。香港：初文出版社有限公司。

[2] 黃佩佳著，沈思編校（2017 年）。《香港本地風光：附新界百詠》。香港：商務印書館（香港）有限公司。

[3] 馬木池、張兆和、黃永豪、廖迪生、劉義章、蔡志祥（2011 年）。《西貢歷史與風物》。香港：西貢區議會。

[4] 同上。

[5] 邱逸、葉德平、羅子（2018 年）。《坑口口述歷史》。香港：香港歷史文化研究會。

[6] 同上。

[7] 同上。

村口牌坊上的對聯「坑水共長流溯感宗功遺蔭福，口涎齊竭論挽回民益建瓊樓」，時刻提醒村民：今日的安居得來不易，要感激先祖的奮鬥。

坑口村距離坑口地鐵站不過十分鐘腳程。由 TKO Gateway（厚德商場）出發，沿常寧路走，經過厚德邨，穿過隧道直走，會發現建築的密度越來越低，取而代之的是樹木和低空掠過的麻雀；穿過富寧花園商場後左轉，不久就會見到坑口村的新裝村屋、低層獨立屋。

今時今日，坑口村一帶變成內陸，村民早已不再「靠海吃海」，但村中依然人來人往，並以美食見稱。村內食肆大多集中於村口。以牌坊為界，左側有大牌檔、小炒、台灣牛肉麵等中式餐廳；大牌檔最受歡迎，半開放式的廚房及舖面，令客人可以一邊享用食物，一邊感受鄉村與舒適的環境。牌坊右側食肆則較「國際化」，不但有日式餐廳、西餐廳，亦有球迷經常聚集觀賽的酒吧。

坑口村

「阿妹，總共幾位？」坑口村食肆大受歡迎的要訣，食物的味道、人情味各佔一半。食客多為村民或附近「打工仔」，現場氣氛樂也融融：不同枱的客人相互交談、老闆為老人保留紙皮鋁罐、侍應記得客人食物喜好……即使是陌生面孔，老闆亦未見生外，熱情地與食客打招呼。

當不少新界鄉村因城市發展重心或社會經濟結構改變而凋零，甚或因讓路予基建工程而連根拔起，坑口村的新址位置尚算良好，縱然百業興旺的墟市盛況已不復見，總算成功過渡到新時代。與此同時，坑口村仍能保留鄉村開闊的生活環境及傳統文化，成為認識社區歷史的重要窗口。

# 28

# 發展下的迴異命運——水邊村、安聯村

文：丁旭峰、方琮聲、李嵐 ｜ 攝：陳朗熹、劉永康 @ 康港劉影、李嵐

**根據香港法例，「原有鄉村」（即所謂「原居民村」）是指1898 年已在香港存在，並獲地政署長信納這聲明的鄉村。[1] 開村三百多年的坑口村，是將軍澳其中一條原居民村。同區另外兩條鄉村：水邊村、安聯村，就不符合定義；兩村各自面對不同的困境，幾近被遺忘在山野之中。**

## 水邊村

坑口除了陸上鄉民之外，亦有水上人在此海灣生活和作業。60 年代，在美國經濟援助協會捐助下，漁民在當時坑口村旁邊建造石屋，是為水邊村。[2] 但二戰後在將軍澳出現的拆船業[3] 導致海水污染，漁獲大減，漁民向政府呈請遷建新村。[4] 政府於是撥出現今坑口道和寓安里間山坡地，漁民在 1971 年建成新村。[5, 6]

由於水邊村沒有祠堂，難以證實村民開始在此定居的年份；即使其祖先早在光緒年間已參與天后古廟的建造，仍然不合原居民村定義。從坑口鄉事委員會的委員名單可見，坑口十八鄉中只有水邊村不是「原居民村」。[7]

不屬「原居民村」，居民就無法享有原居民權益，譬如丁權。更切身的是，政府無法律責任為水邊村修建車路，從 1971 年至今，村民只能透過陡峭的山路或梯級出入。現時村民大多為上了年紀的老人，出行不便固然影響日常生活，救護員甚至要求助消防，把中風的村民送院救治。[8]

[1] 詳情可參閱：《地租（評估及徵收）條例》第 515 章第 2 條。取自 https://www.elegislation.gov.hk/hk/cap515!zh-Hant-HK?INDEX_CS=N

[2] 馬木池、張兆和、黃永豪、廖迪生、劉義章、蔡志祥（2011 年）。《西貢歷史與風物》。香港：西貢區議會。

[3] 二次世界大戰後，維港有大量沉船有待清理，同時戰後香港經濟迅速發展，鋼筋需求極大。拆船業者看中商機，將以鋼鐵製成的沉船清拆回收，為建造業提供原材料。拆船業在 50 至 60 年代最為蓬勃，將軍澳更是行業的重鎮，但因政府收地發展等原因式微。參考：Davies, S. (August 6, 2022). Miracles Sometimes Cease: Shipbreaking in Hong Kong from War's End through Boomtime. Hong Kong Maritime Museum. https://www.facebook.com/HKMaritimeMuseum/videos/825112041988810

[4]〈拆船威脅漁獲生計安全　坑口水邊村民　呈請遷建新村〉（1968 年 9 月 19 日）。《華僑日報》。

[5] 香港科技大學華南研究中心（2022 年）。《海灣故事地圖：將軍澳與坑口》。香港：香港科技大學華南研究中心。

[6] 馬木池、張兆和、黃永豪、廖迪生、劉義章、蔡志祥（2011 年）。《西貢歷史與風物》。香港：西貢區議會。

[7] 坑口鄉事委員會（2019 年）。《2019–2023 年度坑口鄉事委員會代表名單》。取自 https://www.had.gov.hk/rre/chi/images/elections_1923/hanghau.pdf

[8]〈探射燈：鄉村交通乏改善 老弱愁困無人憐〉（2019 年 6 月 29 日）。《東方日報》。取自 https://orientaldaily.on.cc/cnt/news/20190629/mobile/odn-20190629-0629_00176_077.html

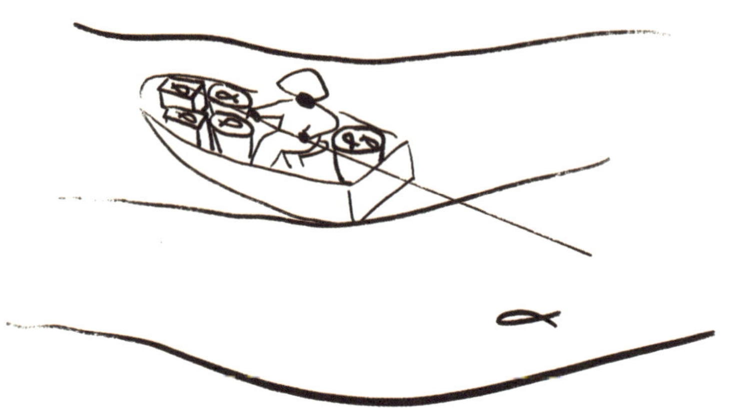

[9] 將軍澳水邊聚（2021 年 4 月 23 日）。《將軍澳水邊村村長自白》」。取自 https://www.youtube.com/watch?v=WLbe1uNwDQ0

[10] 吳雄。〈逾百年坑口水邊村 繁華背後隱世淒涼〉（2019 年 6 月 19 日）。《信報》。取自 https://www1.hkej.com/dailynews/culture/article/2165106/逾百年坑口水邊村+繁華背後隱世淒涼

[11] 將軍澳水邊聚（2021 年 4 月 23 日）。《將軍澳水邊村村長自白》。取自 https://www.youtube.com/watch?v=WLbe1uNwDQ0

由寓安里的山腳向上看，茂密的樹林將水邊村徹底遮蓋；除了一旁的「水邊村」路牌外，四周幾乎沒有任何相關痕跡。沿樓梯拾級而上，一排排鐵皮屋頂的矮樓映入眼簾。從城市人的眼光看，村民似乎與自然共融，善用室外空間栽花種草，鄰里關係密切。事實卻是，村屋日久失修，年老的村民卻因種種行政掣肘，無力支付維修工程。[9,10]

村落的最高處，是一棟名為「漁民改善生活合作社」的平房。想到村民當年上岸以後，豐饒的海洋被慢慢填平，生計大受影響，至現在都不能安居，「改善生活」竟然遙不可及，令人慨歎。[11] 坐在合作社門外的長櫈，他們會懷着怎樣的心情，眺望坑口市鎮？

## 安聯村

在調景嶺至油塘鯉魚門的天然岩岸，與高處的將軍澳華人永遠墳場之間，有一條鮮為人知的安聯村。80 年代將軍澳北部的填海計劃，令坑口村、水邊村在內的不少鄉村遷離原址，位於新市鎮範圍外的安聯村則未受影響。

安聯村是觀察新市鎮發展的最好位置：塵土飛揚的堆填區回復翠綠、一棟棟高樓在日出康城聳立；將軍澳南填海後，建起低密度住宅、兼有休閒商業的海濱；將軍澳跨灣連結路、將藍隧道落成，令區內外交通更為便利。遠處種種發展之快，反凸顯了安聯村的冷清與抽離。

近年區內與安聯村最有關的基建，就是「華永行人徑」。華人永遠墳場管理委員會在 2012 年建成步行徑，讓市民能從港鐵調景嶺站前往將軍澳華人永遠墳場，再抄「安聯古道」，抵達小村。

多謝光臨 安联村

安聯村的村民曾多達一百五十人，先後以採石、畜牧為生；兩種生計皆因牌照問題，無以為繼，大批村民於是離開。直至 2010 年後，老居民才先後遷回老屋，總數約七十人。[12]

村民不想此地真的變成一座「廢村」，故樹起牌匾，歡迎各方來客前來參觀打卡，讓老村煥發出新的光彩。

2023 年初，政府發展局公佈將軍澳第 132 區和 137 區的發展大綱。諮詢過程中，公眾遞交的意見書數目，與全港關注的「明日大嶼」首階段填海計劃相約，[13] 可見其爭議之大。但不論政府或是傳媒，都忽略了規劃中 132 區內的安聯村村民。

與以往將軍澳填海工程最大的分別，在於 132 區將發展成工業區，容納現時與堆填區比鄰的公眾填料轉運設施、混凝土配料廠；服務香港東部的電力設施、海上垃圾收集站……[14] 一切一切，讓人回想起將軍澳的英文舊稱：「Junk Bay」（「帆船灣」、「垃圾灣」中的後者）。

坑口村、水邊村都因為 90 年代工程，遷到原村附近的現址；環顧安聯村周邊，很難想像它能遷到何處；就算堅持做「釘子戶」，也要終日與沙塵、臭味相伴。難道村民重逢，就是為了再不相見？

安聯村碼頭對出的好風光，能多看幾眼？

[12] 惠楚生（2023 年 3 月 17 日）。〈安聯村 一 城中隱世山村 不甘被稱「廢村」復村長住 老村民嚮往燒柴煮飯種果樹的簡樸生活 捲入填海風波擔心天然岩岸消失：希望保留生存空間〉。《明報周刊》。取自 https://www.mpweekly.com/culture/%E7%A4%BE%E6%9C%83/%E5%AE%89%E8%81%AF%E6%9D%91-%E5%9F%8E%E4%B8%AD%E9%9A%B1%E4%B8%96%E5%B1%B1%E6%9D%91-%E4%B8%8D%E7%94%98%E8%A2%AB%E7%A8%B1%E3%80%8C%E5%BB%A2%E6%9D%91%E3%80%8D%E5%BE%A9%E6%9D%91%E9%95%B7

[13] 〈諮詢結束近兩月 將軍澳填海未見結果 追問確認 7700 份意見拒公開名單 政府人士：規模不及交椅洲難比較〉（2023 年 5 月 22 日）。《明報》。取自 https://news.mingpao.com/pns/ 港聞 /article/20230522/s00002/1684692820351/ 諮詢結束近兩月 - 將軍澳填海未見結果 - 追問確認 7700 份意見拒公開名單 - 政府人士 - 規模不及交椅洲難比較

[14] 香港電台。2023 年 1 月 19 日。〈將軍澳第 137 區提供約 5 萬個單位　擬填海 20 公頃〉。香港電台網站 中文新聞。https://news.rthk.hk/rthk/ch/component/k2/1684570-20230119.htm

# 29

# 漁村底蘊——坑口的非物質文化遺產

文：李嵐 ｜ 攝：佘汶慧、司徒曉晴

**雖說將軍澳是個「新市鎮」，其實早於 13 世紀就有人在坑口一帶定居；屬於坑口的兩項非物質文化遺產，更加印證了過往客家人、水上人在此開枝散葉的歷史。**

攝：Lawson Solution

麒麟身披五彩鱗甲，擁有龍頭、鹿身、馬蹄、牛尾、狼額。

## 坑口客家舞麒麟

「舞麒麟」是客家人好客、愛熱鬧的象徵，在區內已傳承逾二百年。舞麒麟多以村落為單位，各村有其祕傳步法。這項充滿在地特色的傳統於 2014 年列入第四批國家級非遺代表性項目名錄。[1]

麒麟為中國傳統文化中的靈獸，性情溫順平和，象徵吉祥如意及風調雨順。重視耕讀文化的客家人，每逢喜慶活動，都會舞麒麟納福。

有些麒麟隊伍會到各村互拜。傳統上，舞麒麟必須由領隊帶領，確保表演合乎禮節。相對騰跳較多的舞獅表演，麒麟在舞動期間會盡量伏在地下，象徵和平、謙卑。兩村的麒麟在互拜時不會抬頭，以表尊重；待雙方師傅交換拜帖後，兩邊麒麟才會互向對方「行功夫禮」，最後「圍龍」，繞圈而行，以示友好。[2]

於居民而言，舞麒麟不只是節慶宗教儀式。昔日廣東海盜肆虐，年輕一代不得不學習武術，保衛家園；舞麒麟正是武術訓練之一。後來南中國海漸趨平靜，60 年代起漁業式微，更驅使年輕人搬離村落，不但讓這項傳統失去其實際意義，更令傳承出現斷層。

儘管坑口舞麒麟的傳承曾經面臨困境，但部分村落放下門別戶之見，安排外來的師傅協助，更有部分移民海外的老村民回流，一同教授後輩及區內中小學生。[3] 2014 年舞麒麟成功申遺，證明坑口的客家文化後繼有人。各位不妨在節慶時到坑口的客家村落走一趟，感受客家舞麒麟的獨有魅力！

---

[1] 非物質文化遺產辦事處。〈西貢坑口客家舞麒麟〉。香港非物質文化遺產資料庫。取自 https://www.hkichdb.gov.hk/zht/item.html?7c04c8dcc7e0-4af1-b133-22d0b242177d

[2] 同上。

[3] 葉德平、黃競聰編著（2019）。《西貢．非遺傳承計劃：西貢麒麟舞》。香港：菁藍文化。

## 坑口天后誕

舊日坑口居民大多捕魚為業；傳說中保祐漁民、水上人家的天后，香火盛極一時。位於田下灣村與佛頭洲村中間的天后廟，是區內主要的廟宇，見證了將軍澳的變遷。

坑口天后古廟建於道光二十年，比西貢市中心的天后廟早近八十年。[4] 天后廟的格局為兩進三間：[5] 主殿供奉天后，千里眼、順風耳守在兩側；偏殿供奉文昌、華光、華陀、太歲四位神祇。

2021 年成為國家級非遺代表性項目的坑口天后誕，儀式為期五日，包括請神、酬神、送神。[6]

請神當日，酬神儀式代表會先到天后神廟上香，並由廟祝邀請天后，由麒麟開路，[7] 經庭和里進入坑口村後繞村一圈，再到搭建於坑口村停車場的戲棚欣賞粵劇神功戲。街坊街里欣賞粵劇的同時，又可趁機跟親友聯繫感情。籌辦神功戲的經費主要由劇團、商戶和村民贊助，捐款者之多，足以證明天后廟在坑口鄉村生活的地位。

酬神儀式則主要在天后廟內進行，代表會輪流祭拜天后、上香，再由一位天后宮司理向天后獻紙紮祭品，儀式最後以分切燒豬作結。

到了「送神」的日子，酬神隊伍成員會先到戲棚的神龕上香；取回令旗、羅傘、令牌等儀式用品後，原路折返天后廟。隊伍進廟置下神輿，[8] 再向廟內諸神、天后叩首上香；待神像安放好、獻上紙紮祭品後，送神儀式才告完成。[9]

坑口天后誕團結各村村民，充分發揮傳統節慶和信仰的凝聚力。香港不少新市鎮與鄉村比鄰，形成強烈的城鄉及新舊對比。兩項非遺項目的成功申辦，無疑令大眾對將軍澳歷史的認知「推前」至填海及新市鎮發展以前；下一步，我們能否在將軍澳推動文化旅遊，讓公眾人士對這區有更豐富的想像？

[4] 馬木池、張兆和、黃永豪、廖迪生、劉義章、蔡志祥（2011 年）。《西貢歷史與風物》（58 頁）。香港：西貢區議會。

[5] 葉德平、黃競聰（2019）。《西貢・非遺傳承計劃：西貢麒麟舞》（39 頁）。香港：菁藍文化。

[6] 香港特別行政區政府（2021 年 9 月 22 日）。〈國家級非物質文化遺產代表性項目頒牌儀式（附圖）〉。香港特別行政區新聞公報。取自 https://www.info.gov.hk/gia/general/202309/22/P2023092100610.htm

[7] 葉德平（2018）。《坑口風物志：回憶歲月一甲子》（41 頁）。香港：初文出版社有限公司。

[8]「輿」是古代的轎，神輿就是「神明的坐駕」。若要請天后巡遊，必須將神像置於名為神輿的小轎之上，由多人合力抬行。

[9] 非物質文化遺產辦事處。〈坑口天后誕〉。香港非物質文化遺產資料庫。取自 https://www.hkichdb.gov.hk/zht/item.html?7c48765c-8e81-45c9-b70e-8a4d0a7cfb60

延伸閱讀

**客家舞麒麟**

1 文化葫蘆。〈坑口十八鄉古今點滴〉。港文化 18 區。取自 http://had18.huluhk.org/article-detail.php?id=214

2 葉德平（2018）。《坑口風物志：回憶歲月一甲子》。香港：初文出版社有限公司。

3 譚舒雅（2017 年 2 月 15 日）。〈活學中華：舞麒麟？舞出文化傳承〉。《明報加東網》。取自 https://www.mingpaocanada.com/tor/htm/News/20170215/HK-gfi1_er_r.htm

4 非物質文化遺產辦事處。〈西貢坑口客家舞麒麟〉。香港非物質文化遺產資料庫。取自 https://www.hkichdb.gov.hk/zht/item.html?7c04c8dcc7e0-4af1-b133-22d0b242177d

**天后誕**

1 葉德平（2018）。《坑口風物志：回憶歲月一甲子》。香港：初文出版社有限公司。

2 非物質文化遺產辦事處。〈坑口天后誕〉。香港非物質文化遺產資料庫。取自 https://www.hkichdb.gov.hk/zht/item.html?7c48765c-8e81-45c9-b70e-8a4d0a7cfb60

3 香港城市大學。〈廟宇文化小知識 - 建築〉。虛擬廟宇。取自 https://www.cityu.edu.hk/cxo/vt/knowledge-sub2.html

# 30

# 將軍澳基督宗教建築

文：周頌天 ｜ 攝：陳朗熹、周頌天、凌濼軒

若你到歐美等盛行基督宗教的地區旅遊，通常參觀教堂都是少不了的行程。不論在城市或鄉村，宏偉而歷史悠久的教堂既是宗教聚會場所，亦是社區重要地標。回望本港，因城市空間較少，不少教堂和教會均不能擁有整座獨立的教堂建築，往往與學校、社區中心等設施共用空間，或者寄居於多層大廈之中。

但空間較寬敞的將軍澳新市鎮，就坐擁多家各具特色的教堂，見證地區發展歷程。不論你是否信仰基督宗教，都可拜訪各所教堂，欣賞建築或洗滌心靈。

## 靈實禮拜堂

踏上靈實臺，看着新落成的醫院大樓，你能想像這座甚具規模的專科復康醫院，昔日只是一片「荒原」嗎？靈實醫院創辦人司務道教士（Sister Annie Skau Berntsen）領受異象，要在此建一座聖殿，成為附近村民「黑暗中的光」。[1] ㊾ 1961年靈實禮拜堂落成，應驗了這個異象。

禮拜堂屹立於小山坡上。正門上方和塔樓側面的牆上均有大型十字架，以基督的光照耀昔日的村落和港灣，以至今日的新市鎮。山坡上的階梯引導信眾和遊人走近禮拜堂，就如昔日傳教士透過禮拜堂，引領居民走近基督。

禮拜堂建築設計糅合中西精髓。仰望堂頂，會看見綠色中式屋瓦。走近禮拜堂的正門，會發現兩旁的八角形窗戶，右邊窗戶下有一塊立於1961年的石碑，紀念禮拜堂的落成。另有兩塊立於1998年的石碑，分別以中、英文記載籌建禮拜堂的事蹟。種種文化匯聚，正體現外來傳教士來華時，將基督宗教本地化，迎合本港傳統文化的傳教策略。

禮拜堂設有大幅玻璃趟門和玻璃窗，容讓陽光灑進，堂內一目了然。即使禮拜堂並不開放，也能清楚看見屋頂的桁架結構，以及其簡潔的內部裝修。祭台背後有一十字架，以藍色紙皮石作背景襯托，呼應昔日禮拜堂所面向的小小港灣。

[1] 詳見基督教靈實協會網頁上的「發展歷史」：https://hohcs.org.hk/elementor-5721。

禮拜堂右側小花園內，長着一棵高聳入雲的杉樹。杉樹原是四十多年前由一位護士捐出，並由司務道教士移植至此昔日的樹苗已長至如斯粗壯，過去的小村落亦已變成高樓密佈的市鎮。凝望這參天杉樹，不得不佩服司務道教士和團隊的勇氣和毅力，堅毅而悉心栽培靈實醫院這棵幼苗，成為今日的大樹。

## 聖雲先堂

在區內另一山頭上，同樣屹立着一座由傳教士倡建的聖堂。沿將軍澳醫院外的坑口道，向上走約五分鐘，便會到達聖雲先堂。聖雲先堂於上世紀 60 年代落成，牧養坑口村一帶村民。

聖雲先堂建堂時，由外來的傳教修會聖母聖心會負責倡建和管理。聖堂正門兩側有兩塊紀念碑，由鄉民及教友所立，紀念建堂初期主任司鐸，屬聖母聖心會的萬默思神父（Reverend Willibrord Wammes）。從碑文可知，萬神父當年在坑口一帶振濟扶貧，又四處奔走籌募建堂經費。

聖堂外牆用料粗糙簡樸，保留了物料的原色，反映建堂時資源匱乏。三角形屋頂上凸出一座小塔樓，塔樓上建有金碧輝煌的十字架。建築

[2] 在彌撒聖祭中，神父會將無酵餅祝聖，成為耶穌聖體，天主教徒相信祝聖後的聖體是耶穌的身體，不再是麵餅。

[3] 在天主教會的傳統中，會揀選一些聖人作為聖堂、個人，以至不同行業的主保，為請求聖人向天主代禱保護人們，亦作為人們效法的保護。

再粗獷，上主的記號依然一絲不苟，讓世人有明確依歸的方向。

聖堂只在主日彌撒期間開放，平日只能欣賞其外觀。聖堂面積不大，堂內祭台（舉行禮儀的桌子）一覽無遺。祭台所在之處是堂內最神聖的至聖所，用於舉行彌撒聖祭（彌撒是天主教的主要崇拜禮儀）。聖雲先堂至聖所用上傳統半圓穹室設計，拱頂象徵從地到天，是聖堂內最接近天國、圓滿的地方。由長方形聖堂連接半圓至聖所，代表地方教會和天上教會的天人合一。在這個至聖所內，亦有一木製苦像十字架，是耶穌基督死而復活的標記。

至聖所兩旁分別置有存放耶穌聖體[2]的聖體櫃，以及耶穌母親——聖母瑪利亞的聖像。在聖體櫃的左下方亦有聖堂的主保聖人[3]——聖雲先（St. Vincent）聖像，讓教友紀念和效法聖人的德行。即使不是信徒，亦可細心欣賞堂內的聖像和聖堂整體佈局。

## 聖安德肋堂

隨着新市鎮發展，天主教香港教區因此籌備在區內籌建一座新聖堂，新堂在 2005 年正式落成。

整個聖堂建築群以庭園為界，左右各有一座建築物：右面主樓為聖堂，以及辦事處、禮堂、活動室等堂區設施；左面大樓則是聖安德肋幼稚園、神父宿舍以及停車場。

天主堂名為「聖安德肋堂」，紀念十二門徒之一的聖安德肋。因此堂內遍佈聖人的標記與其生平事蹟的紀念。

聖堂正門的外牆高處，已有一幅聖安德肋宗徒（St. Andrew）手持 X 型十字架的聖像畫。相傳他在希臘傳教而被判死刑時，便是被綁在 X 型十字架上，X 型十字架因此成為其標記，在堂內不同設施上出現。

聖堂大樓旁的庭園，亦以宗教故事作為設計主題。圍繞水池，多幅圖畫以色彩繽紛鮮豔的馬賽克，拼砌安德肋被耶穌召叫門徒、引領帶着五餅二魚的孩童到耶穌面前的生平事蹟，以及耶穌受難經過等情景。

這些馬賽克畫引領大眾由庭園走到聖堂內，其中耶穌被釘十字架後的兩幅畫，設於聖堂對出的前庭。前庭是教友相聚的地方，每周主日彌撒後，此處設有茶座，為教友提供簡單小食。

穿過前庭，進入聖堂。聖堂的玻璃門描上藍色波浪線條和黃色弧形圖案，代表五餅二魚，更配合了聖堂祭台後彩繪玻璃的顏色。

進入聖堂，左方聖洗池牆後的馬賽克畫，描繪耶穌被埋葬及下降陰府，因此圖中的墳墓是空洞的。這幅圖畫正好配合在聖洗池所施行的洗禮。洗禮進行時，受洗者將自己的罪及舊有的自己埋葬，並藉洗禮得享新生命，與基督同死同生。

聖堂內有一大十字形彩繪玻璃畫，位於祭台後方。畫中餐桌的兩旁坐着耶穌的門徒、聖母瑪利亞和幾位象徵世界各地人民、不同膚色的賓客。耶穌則在中央拿着餅酒，邀請你我赴這場天國盛宴。

香港聖公會施洗聖約翰堂
The Church of St. John the Baptist

聖安德助堂開放予大眾入內祈禱及參觀，平日早上及主日亦有彌撒，同樣歡迎非天主教徒朋友參與。因此，信徒與否皆可隨時走進聖堂內，靜享安祥。

## 施洗聖若翰堂

位於寶琳北路的聖公會施洗聖約翰堂，與剛才介紹的聖安德肋堂有些共通之處。

兩者同樣在千禧年因應新市鎮發展而興建，採用較現代的建築風格。跟聖安德肋堂一樣，施洗聖約翰堂外亦有一庭園和社會服務設施。④這些相同之處反映教會在新市鎮興建新堂時，除了照顧區內居民信仰和心靈上的需要，亦着力提供社會服務及公共空間。

施洗聖約翰堂外觀尤如一隻鴿子，對應約翰為耶穌施洗時，聖靈／聖神以鴿子形態從天而降，臨於基督身上。

從入口的大閘到聖堂的大門，是步上聖堂的階梯，階梯上的柱廊一直伸延到聖堂內，引領來訪者一直走到堂內祭台之上，正好配合福音中約翰對自己的描述。

堂內設計亦與約翰在曠野為耶穌施洗的事跡有關，惜聖堂在崇拜時間外並不開放，在此留待大家發掘。

聖堂平日不開放，但你可到訪聖堂旁的施洗聖約翰堂士德公園。公園採用曠野元素設計，栽種多類植物，營造自然、簡樸的氛圍。園內設有苦路默想徑和明陣，為你提供祈禱靜修的空間。

宗教建築除了是信徒聚會的場所，亦是見證社區發展的重要建築物，更應是所有人的心靈綠洲。不論是否信徒，都不妨抽少許時間，踏入區內教堂，靜心感受城市當中難得的平靜。

攝：佘汶慧

## 自然

自然而然，從自然而言

# 32

# 貓店長，之於將軍澳

文、攝：陳舒琳

**說起貓店長，你會想起哪裏？上環海味參茸燕窩街？旺角金魚街？還是來自尖東報攤的忌廉哥？作為初代明星貓店長，忌廉哥曾經風靡一時，社交媒體上擁有超過三萬五千個粉絲，不時出現在電視廣告，甚至因走失而登上幾份報章的 A1 頭條。但貓店長並非舊區專利，而是香港各區皆有的「地標」，就連以擁有無數商場及大型連鎖店見稱的將軍澳也不例外。**

在店舖內乖乖坐下

走到坑口，總有一隻橘色的貓等待着你。牠在區內也薄有名氣，曾登上《蘋果日報：動物蘋台》報導。雖說牠是海味藥材店的貓店長，但牠更像是商場的地主。甚少留在自己舖的牠，似乎更愛到鄰近的日本城「巡舖」，用牠軟綿綿、肉嘟嘟的貓爪為日本城的貨品及紙箱「加持」。牠又會到報紙檔出爪測試紙箱的堅韌程度，更會等待熟悉的貓奴街坊，向他們討摸摸及罐罐。

以「貓爪力」為貨品加持

從海味藥材店走到安寧花園，附近未有大型商場進駐，反以街舖或小店為主，包括五金舖、報紙檔、補習社和幼稚園。住宅和街舖之間是個開揚的小公園，除了供街坊和小朋友嬉戲，更是附近一眾貓店長的日常好去處。常客之一是一家五金舖的貓店長，平日最愛在公園內曬太陽，等待街坊替牠搔癢，閒時亦會在安寧花園內圍散步。還記得我倆第一次相遇時，誤以為牠是另一商店的貓店長；後來某年暑假，我在安寧花園的補習社工作，每天碰面都必定會跟牠打招呼，替牠搔癢。而牠亦會為我帶路，讓我跟隨牠的步伐遊走安寧花園。安寧花園雖小，但我想這是牠對我的報答吧。

離開坑口走到將軍澳，便會發現另一色系的貓貓。在某屋苑的地舖，有間舊式的釣具店，外表粗獷的店長養着「自來熟」的貓貓。這灰褐色虎紋貓不常離開店舖，而牠一但離開，便會走到大街上，輕鬆自若地睡覺。不論身處於貨架上或花槽石壆上，只要有人駐足看牠，牠必定會跳下來，在地上打滾、露出肚皮，讓街坊按摩一番作為「服務費」，最後心滿意足地走回舖頭。

人們常説動物是療癒心靈的天使。我們日復日外出工作、與人交際應酬，倘若有天累了，不妨回到熟悉的社區，拜訪相識多年的貓店長，和牠們無憂無慮地打鬧一番。從不論身在何處都能保持輕鬆自在的貓貓身上，或許你會慢慢學懂放下肩上的重擔，像貓一樣保持自己的優雅步伐。

## 33

# 城市裏，我們與動物的距離

文：陳舒琳、杜詠晞 ｜ 攝：陳朗熹、陳舒琳、杜詠晞

將軍澳位於城郊之間，每日區內都會出現各種動物，或野生，或寵物，都成為居民日常生活的一部分。然而，比起活在郊野的同類，生活在城市的動物需要面對更多不同困難，包括如何與車流繁雜的馬路、人來人往的街道、各式人造建築及障礙物相處等，而居民的活動亦會影響牠們的棲息。如何與城市裏的動物好好相處，一直是人類的一大課題。

## 陸龜慢漫遊

這裏是個神奇的社區。陽光普照的日子，如常走在將軍澳路上，不時會看見一隻泥黃色，身型笨重且圓滾滾的小傢伙向你緩慢走來——不用驚訝，牠是一隻由街坊伯伯飼養的盾臂龜，每當天氣晴朗，人龜便會一起散步。龜龜沒有繩索、沒有頸圈，就這樣自由地在社區散步。牠走在前方，引領方向，伯伯只管默默跟隨，不問終點。

盾臂龜的甲殼紋路整齊，像一間間房子的尖屋頂。牠四肢粗壯，前臂佈滿鱗片，猶如盾牌一樣。背着如此沉重的「家」，牠每走一步都看似非常吃力，卻又樂在其中。雖然緩慢，但四腳從未停步，腳踏實地向目的地前進。

每次盾臂龜出來散步，都會吸引很多大小朋友的注意，紛紛前來一探究竟。大家都識趣地和牠保持舒服的距離，沒有人敢阻擋龜龜去路，免得打擾牠的冒險之旅。如果想遇到巨龜，不妨到將軍澳單車館附近碰碰運氣。

## 飛舞鴿群

不知從何時開始，將軍澳聚居了大量的鴿子。牠們漸漸成為坑口、寶琳的「街坊」，形成規模龐大的族群。區內幾乎每個角落，都能找到這種老是常出現的群居動物，但其實牠們亦有固定的地盤，例如坑口地鐵站 B 出口欄杆、安寧花園和 TKO Gateway 中間的空地，以及坑口與寶琳之間的林蔭道。

鴿子成群飛舞是將軍澳常見的景象，多年來餵飼野鴿的情況見怪不怪，亦常常得到社交媒體、新聞報道的關注。一方面餵飼者認為自己只是出於善心照料野鴿，但不少居民則認為這是「好心做壞事」，間接導致不堪野鴿滋擾的人對牠們痛下毒手。政府就此於 2021 年推出為期兩年的「野鴿避孕藥試驗計劃」，試圖餵飼加入避孕藥的飼料以控制野鴿過度繁殖。兩年已過，試驗計劃成功與否或可用數據量化，但「人鴿共融」是無關政策的課題，而是取決於我們。

人和鴿子同在此地生存、生活，共生共榮，能夠達致共融需要大家共同努力。有時在行人路或公園相遇，不妨給予彼此足夠的空間，你有你生活，牠有牠覓食，互不相干、互相尊重的態度或許更能使人們與鴿子建立更好的關係，和諧共處。

## 野豬奇遇記

寶琳居民之間有一個傳說：每逢夜晚，野豬便悄悄地從茵怡花園對面的油站下山，到寶康公園「開大餐」。牠們基本上和人類毫無交流，你有你跑步，牠有牠吃草。在那寧靜的空氣中，誰也不打擾誰，只是默默地身處在同一空間。

寶琳三面環山，野豬不時會在寶琳出現，包括上文提到的寶康公園、寶林邨、地鐵站上蓋、寶林北路、魷魚灣村等，居民早已見怪不怪。居民猜測野豬多數由山上走下來覓食，吃飽後回家，日出前便不見蹤影。有些居民更會親切地喚他們為「熟客」，在社交平台呼籲駕車人士小心撞到，希望人類和野豬都平安無事。

但這已是五、六年前的事。2021 年起，野豬傷人事件造成社會廣泛關注，政府開始捕殺野豬，並且加緊防範野豬進入人類活動範圍，包括在更多郊野及山坡邊界築起圍牆，徹底分隔兩個區域，其中包括寶康路旁邊的山坡。野豬住在山上，人類住在山下。曾經兩個區域的生物，在短暫的夜裏會不經意地相遇、交集、擦身而過。然而，隨着政府的方針改變，兩者似乎走到只能二活一的對立面，往日和平共處的畫面不復存在。漁護署職員更曾在區內圍捕野豬，引起居民關注。似乎人豬不相見，暫時是最好的結局。野豬在公園草地覓食的畫面，今後可能漸成歷史。

## 34

# 週末鸚鵡派對

文：杜詠晞 ｜ 攝：陸曉嘉、東九龍鸚鵡之友

每逢周日下午 3 時到傍晚 6 時左右，調景嶺圖書館對出的草地會出現一片如夢似幻的景象：天空中有彩色金剛鸚鵡飛過，樓梯欄杆上的白色鳳頭鸚鵡小心翼翼地行走，幾隻迷你的虎皮和牡丹鸚鵡站立在人們的肩膀上。同時，耳邊會傳來雀鳥此起彼落的叫聲，有些清脆，有些沙啞，猶如一場混亂的交響樂。不要懷疑，你誤打誤撞進入了一場假日鸚鵡聚會！

參與聚會超過三年的綠小姐（化名）平時會攜同一隻綠色迷你金剛鸚鵡出席。她會先為小鸚鵡綁上金屬腳鏈，然後讓牠站在自己的手臂上。她表示這個鸚鵡聚會已有多年，起初由一位飼養鸚鵡多年的叔叔發起，後來在社交平台開設群組，慢慢連繫上更多飼主，時至今日成為有三十多人參與的熱鬧聚會。特別在疫情期間，綠小姐觀察到飼養鸚鵡的人明顯增加，多了不少同好參與聚會。一眾成員稱呼聚會為「Parrot Party」，希望飼主和鸚鵡以「開 party」的心態歡樂地聚首一堂。 飼主之間互相交流養雀心得、交換物資和結交朋友；鸚鵡們亦能放風散心，在較寬敞的空間舒展筋骨。

放眼望去，鸚鵡派對的參加者年齡分佈甚廣，小至小學生，大至叔伯輩都有。而因為鸚鵡不便遠行，大部分參加者都是區內街坊。前來聚會，他們會自備相機腳架配搭原木長條，自製讓鸚鵡站立休息的支架。色彩繽紛、形態各異的鸚鵡會站在木條上，不時歪歪頭，叫幾下，又或碎步走動。同時，飼主會帶備各種小零食來訓練鸚鵡，有些人則會打開帳幕或露營椅，舒服地坐在一邊跟其他飼主聊天，「曬雀」之餘，亦「曬一吓人」。

調景嶺體育館
TIU KENG LENG SPORTS CENTRE

談到「曬雀」一詞，除字面上帶雀鳥曬日光浴的意思外，更是養雀群體的術語，意指主人帶自己飼養的雀鳥出來互相炫耀、品評和欣賞的文化。綠小姐笑言，無論你是否有養鸚鵡，只要你是愛雀之人，同樣歡迎前來交流，甚至與鸚鵡拍照互動。正因為這種開放的氣氛，聚會往往會吸引很多路過的街坊前來觀賞，飼主會熱情地打招呼，大方地分享自己的養雀趣聞，甚至請愛雀表演特技，現場氣氛樂也融融。即使初次見面，居民亦能藉鸚鵡打開話題，打破隔閡，成就出一場因雀結緣的社區派對。

當你看雀看得入神，忽然全場傳來一陣歡呼聲，原來是有人在「放雀」。「放雀」意指放任雀鳥自由飛翔，然後飛回飼主身邊。眼見一聲令下，四隻金剛鸚鵡一同向行人天橋起飛，來回旋轉幾圈，有兩隻向更遠的空地邁進，有隻低空掠過旁邊馬路，另一隻則飛回草地，回到飼主肩膀。每隻鸚鵡的體力和性格不同，因此飛行習慣亦截然不同。養鸚鵡多年的 R 先生（化名）表示，「放雀」需要長時間訓練，要先與

鸚鵡建立感情和默契，牠才會在嚮往天空的同時，自願飛回主人身邊。在這個聚會，亦只有數隻金剛鸚鵡及迷你金剛鸚鵡擁有這項特殊技能。R 先生又分享，曾有些主人很快便嘗試「放雀」，結果鸚鵡一去不返，從此成為失雀。群組的社交平台亦不時會出現報失尋雀的資訊，大家都會互相幫忙留意。

傍晚時分，天色轉暗，派對悄悄落幕，飼主開始收拾物資。臨別時，飼主之間會相約帶上自家鸚鵡到別家作客，逐一呼喚各鸚鵡的名字，與牠們道別。這班愛雀之人早已成為一個關係緊密的社群和朋友，而這片草地則演變成重要的社群空間，讓他們從線上走到線下，在現實生活中面對面交流。除此之外，他們表示聚會不止是「圍爐」，同時希望讓不認識鸚鵡的大眾感受到鸚鵡的可愛和聰明，吸引更多人加入愛雀行列。選擇在公共空間聚會，其實是向大眾發出邀請：無論我們是否相識，也歡迎你來欣賞和參與這個開放的社群，藉此建立一個友愛的社區。因此，當大家得知有人在 Google 地圖上把這片無名草地立下「鸚鵡公園」的標記時，都感到非常雀躍。對群組而言，標記代表了鸚鵡推廣的成功一小步，更加代表這個民間自發聚會獲得他人認可，有望被更多人看見。

社交媒體上的鸚鵡群組為公開社群，根據簡介，群組成立目的是希望藉可愛聰明的鸚鵡，為人們滋潤心靈、舒緩情緒。成員要互相幫助，關懷鄰舍，接納不同背景、年紀、階層和政見的人，務求建立友愛的社區。

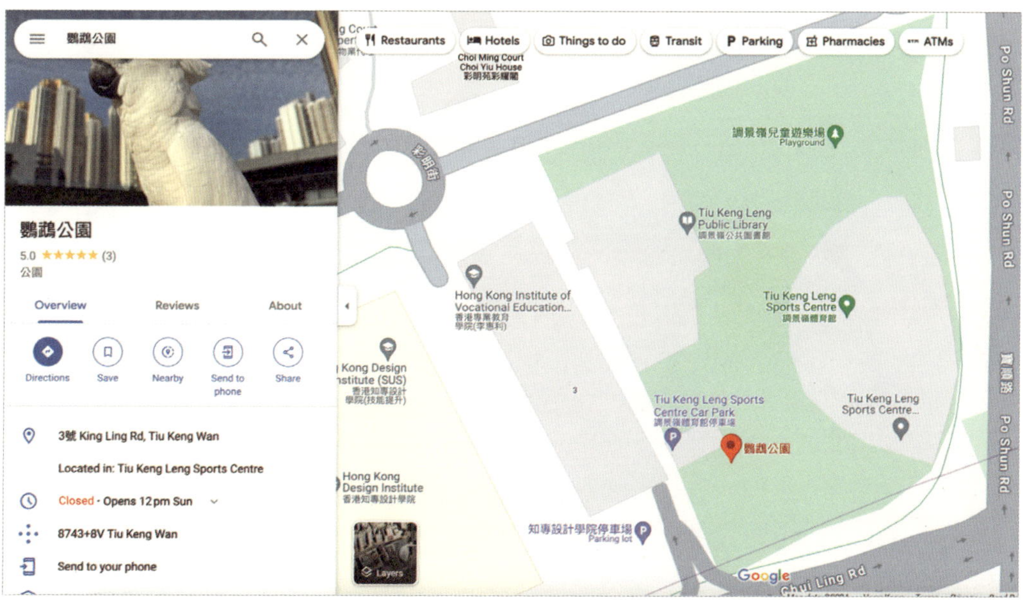


群組成員發現用作聚會的草地於 Google 地圖上被標記為「鸚鵡公園」，反映聚會已成為一種集體社區記憶。

# 35

# 天橋外有天——空中林蔭長廊

文、攝：方泳婷

**由寶琳出發到坑口，你會選擇乘搭兩分鐘港鐵，還是步行 15 分鐘？**

這座城市裏，有沒有一段路會令你放棄舊有習慣，作出別種選擇？完善可靠的鐵路網絡，令港鐵成為多數香港人最常使用的公共交通工具，但總有一些神奇的路段，令我們甘願放棄原有的交通選項，轉而徒步前往目的地。來往港鐵寶琳站與坑口站的林蔭道，是其中一段令我產生這種特別感覺的路徑——路程相宜，地勢平緩，沿途風光流麗，可謂絕佳的散步路線。

對比起人車爭路的舊區，將軍澳區內的港鐵站或文娛康樂場地之間多由林蔭道連接，建築以外的地面脈絡，怡人兼宜行。

從人來人往的港鐵寶琳站 B3 出口離開，穿過港鐵站天台的有蓋天橋後，秒速之間已抵達城市綠洲。這道與港鐵站相鄰、與將軍澳綫鐵路軌道平行的林蔭路恬適靜好。兩側高聳入雲的綠蔭，一整排延綿至下個港鐵站。這段路是將軍澳區內一條封閉式的地面鐵路隧道。[1] 相信前地鐵公司（現稱港鐵）當初是為了環境美觀而在隧道外圍鋪設植被，掩蓋石屎隧道。雖然這裏並非官方規劃的休憩用地，卻意外成為一片綠意盎然的淨土。

這道長達一公里的「空中林蔭長廊」連接寶琳及坑口。走進其中，頓時遠離高樓車流的紛擾，與自然竟咫尺之近。參天大樹紛紛以嫩綠枝葉相迎，四周樓宇霎時泯沒在一片樹蔭之中，彷彿穿梭在宮崎駿筆下的《龍貓》隧道。轟隆列車於腳下往來不絕，惹起地上磚塊一陣陣騷動不安，頃刻的震晃，教路上行人心驚膽跳又嘖嘖稱奇。

夜幕降臨後，長廊有另一番風味。往坑口方向的第二個迴旋處交界，右邊有一道通往將軍澳圖書館、游泳池及體育館的寬闊長樓梯。樓梯之下的將軍澳體育館公園亮起一片密集的橘黃燈火，與長廊上的柔和白街燈呈現截然不同的氛圍。漸次昏暗的天色與稀少人跡，為公園增添一份神秘感，令人懷疑走下樓梯後，會跌入《千與千尋》中湯婆婆的油屋世界——不知那裏會否有無臉男現身迎接？昂首仰望，明月星影

[1] 立法會參考資料摘要（2021年6月）。《將軍澳區計劃大綱核准圖編號 S/TKO/28》，頁 10。取自 https://www.legco.gov.hk/yr20-21/chinese/brief/stko28_20210618-c.pdf

在黑壓壓的枝葉間悄悄露臉；萬家燈火被林蔭遮蔽，換來更燦爛耀眼的星空。

除了作為往返兩地的通道，林蔭長廊更是周邊居民不可或缺的閒適空間。從日到夜，不時遇見街坊漫步，或拖着寵物，或坐在大樹下乘涼。每逢週日亦吸引大批外籍傭工於此聚會。

孩童時期的暑假，這道林蔭長廊是到將軍澳圖書館及游泳池的必經之路。背着沉甸甸的書籍和游泳用品也不覺汗流浹背，只因頭頂的綠葉不時婆娑起舞，帶來絲絲涼意。中學時期，在往來密集的補習班之間途經這段路，讓我得以享有喘口氣的珍貴時刻。待煩惱與不快隨風而去，吸收大自然的能量後，又可再迎接下一場挑戰。如今想省下日益高昂的車費，爭取與知己戀人的相處時光，或純粹時間充裕，就會踏上這段路，聽風賞葉，讓身心沐浴在自然之中，乃一大樂事。

隨着區內的巴士路線增加、地鐵班次加密，來往寶琳及坑口有許多更快捷的選擇，但仍有不少人選擇行走這道空中林蔭長廊往返兩地。生活在一個高密度城市和節奏急速的社會，社區內有一個容許人放慢步履、享受靜謐時光的綠色空間，雖然微小，卻如此重要。

林蔭長廊種滿常綠喬木，偶有幾棵紅葉。即使在酷寒的冬季仍是枝繁葉茂。

# 36

# 寶林邨路上觀察

文、攝：司徒曉晴

**港鐵寶琳站 C 出口外除了一字排開的鳳凰木㊲，再往遠處眺望就是將軍澳首個落成、於 1988 年入伙的寶林邨。這座公共屋邨由七座大樓組成，每座均以「寶」字開頭，配上具有傳統美德意味的「仁、泰、寧、德、智、勤、儉」字作大廈名稱，就似是一位長輩向後輩表達冀盼。**

寶琳取名自寶林邨；寶林邨之名則源於 1956 年通車的寶琳路。寶琳路以當時靈實肺病療養院（現靈實醫院）院長惠施霖牧師的夫人惠寶琳（Barbara Whitener）命名。開發至今，此地仍是蒼翠山林下的美麗寶玉。不過為何寶林邨取「林」而非「琳」則暫時無從稽考；或許前人預想到邨內的樹木很美？

銀元
買的越多，就越便宜。
歡迎任選！
多謝！

悟

沿着東華三院呂潤財紀念中學與寶勤樓之間的小徑，跟着邨民穿入寶勤樓屏風般的城牆，進入自成一角的寶林邨。寶勤樓屬標準新長型大廈，在平面圖上呈 V 型，V 字中間為連接雙翼的樓梯。

## 相遇在榕樹下

寶豐路行人道上長了四棵高大壯碩的榕樹，像是駐守寶林邨多年的護衛門神。不少等紅綠燈的街坊為了躲避熾熱的陽光，紛紛站到樹蔭底與太陽玩捉迷藏。若你週日到訪，可能會遇到以「寶林叟」自居的伯伯在樹蔭下擺地攤正展示一系列收藏。每逢年末歲首，他也堅持展出個人書法作品，它們鋪滿整段行人路，亦把最好祝福送給四面八方的陌路人，讓他們親臨樹下尋寶，聽他把收藏與書法的故事娓娓道來。

## 榕樹真美

寶林商場對出休憩廣場是街坊的聚腳點。廣場上的榕樹一身流蘇，這些氣根觸地後會漸成樹幹。正值壯年的榕樹一直陪伴寶林邨成長亦見證社區變遷，以往孩子會穿插在樹槽間捉迷藏，社福機構則舉辦活動招待邨民；到後來榕樹下只剩老友記飯後避暑乘涼之地，偶爾捉象棋打發時間或倚在樹下渴望與鄰舍相連。

寶地福臨民安泰
林庭樂至眾開懷

街坊誤以為我是記者，站在中間的姨姨提醒大家：「唔好揸流攤啊！」（不要敷衍，認真點！）

寶德樓的「木漏れ日」

飽經風霜的大樹終被移除

「外露的傷口等待包紮」

超強颱風「蘇拉」吹襲全港，這棵約五米高的樹敵不過強風，連根拔起，倚在有蓋行人道上

## 寶林邨的「木漏れ日」

廣場上每天清早總有些街坊在此做晨操，風雨不改。冬日早晨，太陽剛好爬到寶勤樓的樓頂跟街坊打招呼，一束束斜光形成了一道「木漏れ日」——這日本獨有的用語，形容樹葉間隙灑落下的一縷縷陽光。在一個地方生活日久，便會留意到四季太陽的方位不斷變化，因此捕捉「木漏れ日」也需要配合天時地利，亦是一種不期而遇。日光下榕樹枝繁葉茂、樹木映民生百態、地上樹影斑駁，都構成寶林邨最美風景。

繞寶林邨走一圈，你會發現屋邨邊緣呈現着截然不同的景象，到處都是「兇案現場」——颱風過後，受傷或倒塌樹木被圍封以免樹枝或鬆脱的磚頭絆倒行人。比起極端天氣，樹基生長空間不足令根部無法抓緊泥土、管理不善或保養不宜等問題可能才是真正的「殺樹兇手」。人要因材施教，栽種也要因地制宜。規劃城市林務時應按街道類型與相應樹木品種配對，按本質栽培才能讓樹木茁壯成長，並各按其時成為美好。[1] 如聖經比喻，房子要蓋在堅穩的磐石上，才抵得住風吹雨打的試煉。

[1] 若懷疑樹木有異，可掃描樹幹上的二維碼樹木標籤（如有），主動通報予樹木管理專責小組、屋邨的管理單位，甚至聯絡坊間關注樹木保育的組織。若對城市樹木管理與保育抱有好奇，不妨參閱發展局出版的《樹木管理手冊》以及《街道選樹指南》。

**後記：尋「寶」圖**（答案在文末）

**任務一：找出下圖的所在地。**

「凡勞苦擔重擔的人，可以到我這裏來」，

累了就找張凳子坐坐吧

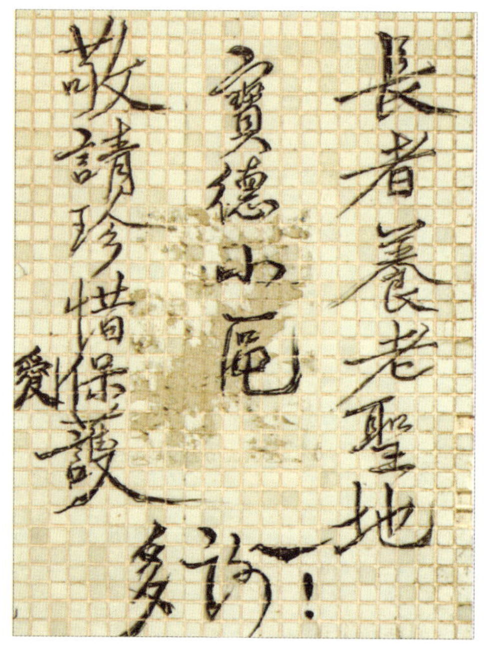


街坊在牆上形容這裏是「長者養老聖地 寶德小庵」

**任務二：找出寶林邨的十字架。**

穿過寶勤樓，第一個十字架標記出現在基督教靈實協會的指示牌上

## 答案

### 任務一：找出下圖的所在地

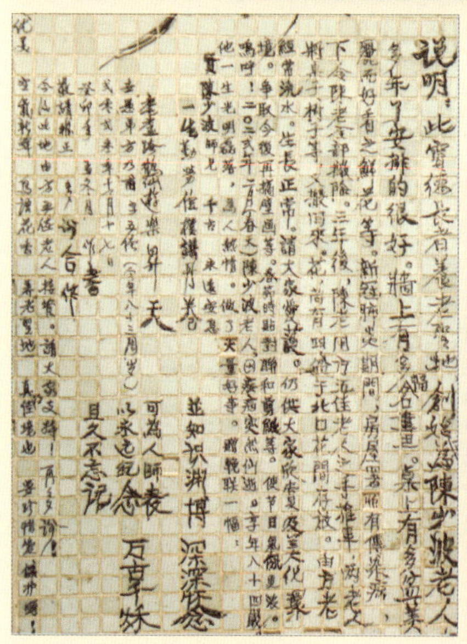

居民曾佔領停車場一角，各戶搬出沙發、辦公椅、茶几，讓它們擁有「二次生命」，逃過被送往堆填區的命運。街坊自發在社區裏自製休憩空間，讓人即使不在家中，也有家的感覺。牆上米白色的方格像極學生原稿紙，一字一句由街坊精心手寫，寫滿了街坊對屋邨的讚美與控訴

「寶德養老聖地」旁有樓梯可達停車場上蓋的隱世天台籃球場

### 任務二：找出寶林邨的十字架

寶泰樓居民出入口

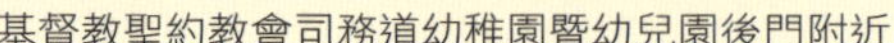
基督教聖約教會司務道幼稚園暨幼兒園後門附近

寶寧樓西座外牆

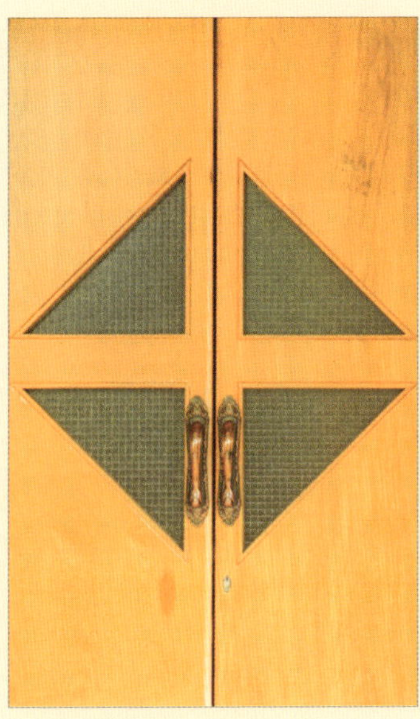

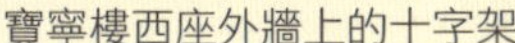

寶寧樓西座外牆上的十字架

恩臨堂門口

鑲玻璃的十字

「你們祈求，就給你們；尋找，就找到，叩門，就給你們開門」（馬太福音 7:7）

寶林邨內隨處可見十字架，對基督徒來說，那象徵着耶穌的愛，讓信者不忘對永生的盼望，並且提醒人應當捨己，成為他人的祝福。新市鎮的落成吸引當年面臨人口老化的教會入區發展，而時至今日，幼稚園、社區中心、外展等服務已遍地開花。在芸芸教會團體中，基督教靈實協會與將軍澳區的歷史發展關係尤深，不妨到將軍澳風物汛（舊調景嶺警署）參觀相關展覽㊷。

# 37

# 四季樹木遊蹤

文：杜詠晞 ｜ 攝：樊樂怡、司徒曉晴、杜詠晞

花草樹木是城市的重要一員，它們和居民一同在社區生活，每天呼吸成長，努力生存。將軍澳新市鎮是個非常「綠色」的社區，除了先天被群山包圍的地理特點，無論是大馬路、行人徑、屋苑通道或道路分隔線，沿途總有各種樹木、花朵和盆栽相伴。四季流轉，冬去春來，花樹輪流綻放獨特色彩，訴說時間的流逝和改變。下文將會介紹區內一些特色樹木，邀請你展開一場將軍澳花樹遊蹤。

櫻花

## 春天的「嫩粉」——香港單車館的櫻花⑥

將軍澳的春天經常是一片灰濛，幸好迷霧裏也有此令人振奮的色彩。每到 3、4 月份，單車館公園中央草坪附近約十棵吉野櫻和鐘花櫻桃便會開花。隨日子一天天過去，小瓜子般的花苞逐漸露臉、伸展、綻放，開出柔嫩而優美的櫻花，由每七八朵櫻花緊貼成一團小花球，掛滿深褐色的枝椏。最深的紅由花芯出發，慢慢褪至瓣末的淺粉。當陽光穿透花瓣，花兒便顯得尤其晶瑩剔透，非常夢幻。櫻花盛開時，區內外的攝影者都慕名前來拍攝粉紅花海，造就了單車館公園一年最熱鬧的時候。

當夜幕降臨，夜櫻呈現出一種更為靜謐優雅的美，淡粉的花球在黑夜中更柔情。不妨踮起腳尖，近距離觀察櫻花，在花香中靜聽大自然的喁喁細語。

## 春天「艷黃」——文曲里公園的黃花風鈴木㊳

文曲里公園的黃花風鈴木是另一春季景點。龐大的花樹佇立於中式庭園湖畔，金黃花球熱烈地盛放，令人眼前一亮。風一吹過，黃花拂袖而落，一些孩童會收集落花，在石地上拼砌圖畫。整個公園的石徑上都佈滿黃花，行人就像走在大自然鋪上的黃地毯。若天氣晴朗，黃花樹與其水中倒影相映成趣，亦是一見難忘的美景。在黃花風鈴木旁邊還有一株較罕為人知，但花朵極為皎白淡雅、小巧可愛的花樹——梨樹。百花爭妍，配上石造曲橋、鯉魚池和翠綠山丘，湊成一幅山水畫，説是將軍澳春天最美麗的風景亦不為過。除了文曲里公園，你亦可在單車館、寶康公園及其他屋邨找到黃花風鈴木的蹤跡。

黃花風鈴木與梨花

鳳凰木

## 夏天「火紅」——港鐵寶琳站的鳳凰木

每到放學時分，港鐵寶琳站外便會有大批身穿校服的中小學生成群結隊地走過，在一排高大茂密的鳳凰木下若隱若現。平日，翠綠的鳳凰木和其他大樹無異，只是安分守己地整齊站立，為人們遮陽，或讓疲倦的白鴿暫歇。然而，每逢 5 月初夏，高大茂密的樹冠上便會爆發出成千上萬個火紅花頭，無論是商場天橋或寶琳站露天平台的途人都忍不住駐足拍照，許多居民這才驚覺：「啊！原來這是鳳凰木！」。盛開的鳳凰木在站外一字排開氣勢十足，確實花如其名——「Flame of the Forest」，森林之焰。火樹紅花又剛好與寶琳站的橙色外牆互相呼應，整個畫面充滿生氣，彷彿大聲宣布：夏天到了！

## 夏天「淡紫」——寶康公園：藍花楹

紫色的花樹在大自然中較為少見，然而這樣的稀客就藏身於寶康公園⑪。每年夏天，中央草坪偶爾會佈滿一些紫色風鈴狀小花。若你抬頭細看，便會發現花兒來自隱身於其他大樹之間的藍花楹。這種花樹來自南美洲等熱帶地區，花朵呈淡紫藍色，但其樹身偏高，紫色小花又與藍天顏色相近，往往需要定睛細看才能發現，較為低調神秘。正因如此，每次發現藍花楹就像尋獲秘寶，讓人格外驚喜。

藍花楹

## 夏秋「米白」——寶康路的白千層

白千層是區內常見的樹木，樹型高瘦，淺灰褐色樹皮斑駁且呈剝落狀，很容易辨認。位於寶琳外圍的寶康路㊹平日人跡罕至，是觀賞白千層的隱秘景點，筆直的單車徑兩旁種有過百棵白千層，整齊排列，延綿不絕。踩單車經過時，感覺似被白千層重重包圍，脫離喧鬧的城市，穿越樹木隧道來到另一個時空。

每年，白千層會開花兩次，花朵呈米黃色刷子形態，遠看就像無數個小毛球掛在樹上。白千層長得很高，若想近距離地觀察花朵，不妨把握乘坐雙層巴士的機會，佔據窗口位置並打開金睛火眼，在巴士駛經每道白千層樹冠的瞬間，抓緊與它們的相遇。

白千層

藍花楹

白千層

大葉欖仁

大花紫薇

## 秋天「朱紅」——寶琳往坑口小徑的紅葉㉟

每逢 11 月左右，由寶琳走至坑口的小徑上會開有幾棵赤紅的大樹。紅葉來自大花紫薇和欖仁樹，這兩種喬木在花期過後、換葉之前，葉子便會由綠轉紅。仔細觀察，你會發現大花紫薇的葉片形狀多變，欖仁樹的葉形則較為圓潤。走到樹底抬頭一看，陽光下的紅葉透出深淺不一、層次豐富的光影，形成一幅只屬於秋天的美麗圖畫。兩者恃着獨有的華麗紅葉，在萬綠叢間躍升為秋天的主角。

## 結語

即使和社區樹木日夜相對，但仔細一想，卻會發現自己甚少停下腳步去了解和認識他們。其實，這些樹木的身影早已構成社區的共同記憶，甚至連繫起不同族群或世代，以獨特色彩為為社區帶來一年四季不同的風貌。樹木豐富了我們的精神生活，讓城市人仍可與大自然連結。學習欣賞樹木的美，我們自然能夠學懂謙卑，與萬物一同在社區好好生活。

# 38

# 曲徑通幽——文曲里公園

文：鄭穎茵 ｜ 攝：鄭穎茵、凌濼軒

港鐵坑口站 B2 出口對出、新寶城外有一座白色門樓，門楣上放置着一行隸書金屬大字：「坑口文曲里公園」。其上，由灰色金屬方條交錯而成的結構，勾勒出中式屋簷的形狀，但無論用色、材料、構築方式皆超越傳統。公園四面的白色圍牆，鑲嵌着整排八角形漏窗，引人窺探園內風景。種種視覺元素讓人一望而知，迎接遊人的將是一座不一樣的中式園林。

向着梁省德小學的一面白牆，由右至左畫上春、夏、秋、冬的四季花鳥

甫進入公園，就是種滿各種樹木的廣場，榕樹的氣根在微風中飄揚。清晨已有人在樹影之間耍太極、跳舞、做晨操等，嬉笑聲和音樂聲此起彼落。

朝左方深入公園，越過一道灰磚鑲邊的月洞門，就會來到公園最引人入勝的池塘。池塘呈月牙形，兩截曲橋分別建於池塘兩邊，橋上有水榭點綴。踏上曲橋，每次轉彎，風景一變，產生忽開忽合、時收時放的節奏感。沿途低矮的圍欄能夠融入環境，不覺突兀，其高度和寬闊的設計，自然吸引大小朋友安坐其上，彎身觀看湖中錦鯉和巴西龜嬉戲。

再往下走，可見到山石和瀑布，惟石塊一反模仿天然岩石紋脈的傳統造景手法，特地裁成方正工整的形態，互相堆疊，流水自石山頂層層傾瀉而下。細小的立方體石塊零散分佈在瀑布前，比起傳統中式園林，別有一種現代建築設計的趣味。

話說回來，整個公園的所有水榭和涼亭，都不是採用傳統的青瓦尖頂，而是用以筆直木條排列而成的長方體結構，同具現代建築特色。廊橋蜿蜒通幽處，風動疏簾景又活。陽光透過木格柵，在地上投下一道道俐落的影子，煞是美麗。

曲橋盡頭，之字形的斜路營造深邃藏幽的情趣。沿梯級緩緩登上小山丘，來到一座涼亭。這是公園最南端，在此居高臨下，往北眺望，整片園林美景盡在足下。

步下小山丘，可以繼續走訪禪園。儘管禪園不能進入，只可遠觀，你仍可靜觀內裏形態各異的石頭，練習呼吸、感受陽光和寧靜，目光順着石塊的起起伏伏，發思古之幽情。

公園遍植數十種花草樹木，各式花卉在四季輪流盛放，包括白色的文殊蘭、黃花風鈴木、軟枝黃蟬、火焰木、紫粉色的蒜香藤、會隨日光由白色逐漸變為粉紅色的木芙蓉等。賞心悅目的環境吸引不少雀鳥棲居，令文曲里公園成為將軍澳的觀鳥勝地。曾有人發現叉尾太陽鳥在銀樺樹中亮相，引來一眾街坊聚集，十多二十座腳架連同「大炮」長鏡頭相機一列排開，爭相拍攝牠的真容。

文曲里公園還有不少設施，歡迎遊人享用——在棋藝角下棋、在健體園地以健身設施舒展筋骨、在人造草地球滾球場打球等。

相比九龍寨城公園等更精緻的園林，文曲里公園另闢蹊徑，以簡煉的細節表現中式園林之意，甚至對聯題詞也沒有，可說是中式園林建築的創新變奏。

論建築之素雅、論湖景之寬廣、論植物品種之豐富，文曲里公園都冠絕將軍澳。不論清晨或午後、不論平日或假日，均遊人不絕。它的美，融入了將軍澳人的日常生活當中。

園遊至此而終，若此行的風景以一幅古畫來紀錄，你會為它加上一段怎樣的跋尾呢？

攝：司徒曉晴

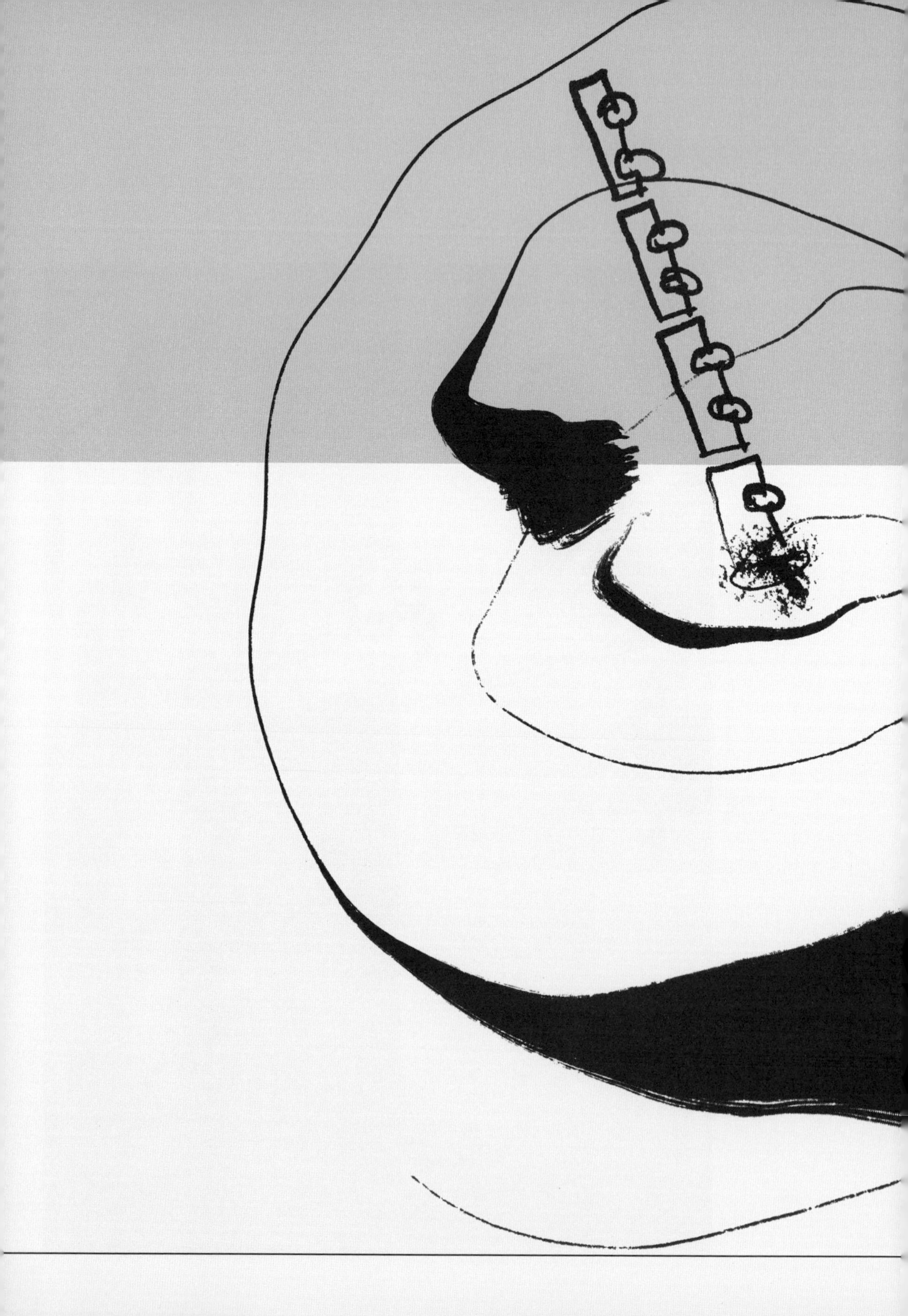

## 穿梭

# 穿梭、穿越、穿透將軍澳

# 40

# 將軍澳，那麼遠？這麼近！

文：蔡嘉濠 ｜ 攝：陳朗熹、蔡嘉濠

**「將軍澳？你住咁遠？」每當被問及住處，獲得的反應大多如此。且讓我們用數據説話：連接九龍的將軍澳隧道不足一公里長；乘鐵路從調景嶺出發至油塘僅需四分鐘。「將軍澳，其實好近！」**

## 1_ 港鐵

以大約位於整條港鐵將軍澳綫中間的將軍澳站計算，利用鐵路過海非常便捷：[1] 10 分鐘到港島（鰂魚涌）、20 分鐘到銅鑼灣、30 分鐘內到中環。反過來説，若你從港島出發，在北角站完成「中距離直路賽」[2] 後，將軍澳就只是彈指之間。

再者，哪怕外間橫風橫雨，隧道內的將軍澳綫列車依然照常跑動；九號、十號風球期間，更是全港唯一仍提供全線服務的重鐵綫，穩定可靠。

鐵路頻密快速，不過礙於網絡設計，部分行程有其限制。譬如當你只靠鐵路從尖沙咀前往將軍澳，最快的路線竟是「過兩次海」，[3] 甚為迂迴。不如試試其他交通選擇！

[1] 數據來自港鐵官方應用程式 MTR Mobile。

[2] 2016 年，Facebook 專頁「Jackz」設計「港鐵轉車站賽事一覽」圖表，當中以「中距離直路賽」比喻北角站的轉綫路程。參見〈網民熱話：港鐵轉車似比賽　登山障礙樣樣齊〉，（2016 年 9 月 20 日）。《on.cc 東網》網站。取自 https://hk.on.cc/hk/bkn/cnt/news/20160920/bkn-20160920222113986-0920_00822_001.html

[3] 以鐵路從尖沙咀前往將軍澳，最快的方法是先到金鐘轉港島綫，再於北角轉將軍澳綫，先後跨過兩次維港。

## 2_ 巴士

### a_ 編號大解碼

搭巴士首先要懂得怎樣選擇正確的路線。正如著名巴士迷、藝術家林兆榮提出的「巴士內功心法」，當了解巴士路線編號背後的邏輯，除了便利日常穿梭城市外，還是一種理解香港地理的方法。

將軍澳巴士路線有自成一格的編號規律。大家只要看到編號字頭和字母後綴，就可大概知道巴士服務將軍澳內哪些地區以及其目的地。當然，隨着網絡不斷擴展，新開辦路線編號或會逸出既有格式，一切還是以巴士公司資料為準。更多將軍澳巴士路線編號介紹，可參閱文末列表。

### b_ 隧道口加速站

近年越來越多長途巴士幾乎繞遍整個新市鎮，一些乘客不堪走線迂迴而轉投其他交通方法——幸好將軍澳有個「加速站」。

位於將軍澳隧道九龍出口外的巴士轉乘站於 2020 至 2021 年落成，讓途經路線串連成一個大網絡。只要懂得靈巧地遊走於不同路線之間，就能略過繞圈路段縮短車程。例如在車站轉乘九巴 98 或城巴 797 線，可直接往返康城，較其他路線節省約 15 分鐘。

**c_ 慢活時光**

相反，若你不趕時間，反而想挑戰里數與車程，不妨試試將軍澳至赤鱲角的 A28 等巴士路線，沿途經過新市鎮、舊屋邨、工商業區、貨櫃碼頭、多座跨海大橋、海岸等景觀，風景豐富多變。晚間的「N 車」路線較日間路線長，例如城巴 N796 環遊九龍市區，暫時是全港行車里數最長循環線，最適合喜愛慢活和城市觀察的朋友！

## 3_ 步行

上述介紹了許多「交通心法」，但若有一天鐵路故障、馬路癱瘓，想靠一雙腿「逃出」將軍澳的市民，四望群山，何去何從？

最正路，想當然是沿公路走。第一個方法是從寶琳出發，沿寶琳北路上山，經翠林邨⑮、康盛花園⑭；或沿靈實路通過靈實醫院㉚，右轉寶琳南路繼續上斜也能到達寶琳路，最終抵達秀茂坪，全程大約一個多小時。又或經將軍澳華人永遠墳場前往油塘；光天化日，光明磊落，既然路經也是一種緣份與關懷，善哉善哉㊹。

墳場路線好些路段是迂迴的長命斜，若你想迴避也能理解。從調景嶺出發的話，你還可以繞到新市鎮後方的山麓，在天主教聖安德肋小學後方、翠嶺路與彩明街交界的迴旋處旁邊，有一條大樓梯通往調景嶺食水配水庫。雖然階梯超過 500 級，但請先不要怕——路上建有多個涼亭，可供休息。

走畢梯級後轉左，向路牌指示的衛奕信徑方向繼續上坡，發現眼前諸多歧路。你可選擇最左側的附欄杆石級經獅子亭下至澳景路，轉右[4]離開衛奕信徑範圍，沿着車道走就是九龍碧雲道。在這裏，向左往油塘高俊苑，向右是藍田廣田邨。離開將軍澳，就是這麼直接，因為本來就不遠。你的選擇，既決定自己的前路，也關乎沿途經歷。

[4] 如果轉左，確實是返回調景嶺方向。惟須注意維景灣畔在澳景路調景嶺端設有鐵閘，只容住客通過，即遊人走至調景嶺也無法順利抵達新市鎮，或須原路折返。

[5] 計超（2013）。《荒原上的遺民——調景嶺的滄桑歲月與愛的軌迹》。香港：印象文字。

途中遇到一道佛經牆：正打開電話 GPS 功能，驚訝將藍隧道恰巧在腳下經過。以後穿過隧道時，不知會否意識到管道上方正有佛法庇佑「路路平安」？

眼前這座涼亭屬近年改建，起初調景嶺村民在這路口建造的小涼亭，外型猶如獅子張大口，因以為名㉜[5]

按：臨近付梓之際，討論多時的將軍澳街渡渡輪終於啟航。就算陸上交通癱瘓，也不必徒步出城，真好！有關其服務，可閱讀〈渡輪再現，槳聲如歌〉㊻。

**參考資料**

列表：將軍澳巴士路線編號解碼

| 後兩位數字 | 代表區域 | 例子 | 走線特點 |
|---|---|---|---|
| 91 | 清水灣道 | 91M、91R | 包括科大、壁屋／清水灣 |
| 93 | 寶琳、翠林 | 93A、93K | 行經寶琳路 |
| 95 | 翠林 | 95、95M | |
| 96 | 將軍澳南、調景嶺 | 296A、796X | 行經將軍澳隧道 |
| 98 | 坑口、寶琳 | 98A、98D | |

| 三位數字 | 代表區域 | 例子 | 走線特點 |
|---|---|---|---|
| 290-299 | （全空調巴士路線，現僅作普通路線延伸之用，個位數字依以上分區方法） | | |
| 790-799 | 將軍澳南、調景嶺 | 790[6]、793 | 城巴將軍澳南專線 |

| 英文字母 | 市區目的地 | 例子 | 路線特色 |
|---|---|---|---|
| A 字尾 | 觀塘 | 98A、296A | 部分路線在觀塘道轉車站與大量長途路線設有轉乘優惠，接通全港 |
| B 字尾 | 黃大仙（現已棄用） | 298B、796B（已取消） | 過去乃經觀塘道往返黃大仙區，如今僅作分辨支線 |
| C 字尾 | 旺角、深水埗 | 98C、296C | 直駛太子道東、亞皆老街進入旺角，不似港鐵繞經黃大仙 |
| D 字尾 | 尖沙咀 | 98D、296D | 取道快速公路及五號幹線直接往返 |

[6] 790 乃目前唯一每日駛上將軍澳跨灣連接路的路線，安坐上層即可感受馳騁大橋，把海灣四周景物盡收眼內的滋味。㊺

## 41

# 康城輪迴及鐵路規劃

文：杜詠晞 ｜ 攝：陳朗熹

熟悉港鐵將軍澳綫的人會知道，這條路綫於將軍澳站分支，一邊通向康城，另一邊通往寶琳。情況如同東鐵綫的羅湖和落馬洲，兩個總站互不相通，一但去錯，便需要返回將軍澳站，重新出發。

將軍澳綫的「分叉」設計可追溯至 8、90 年代。政府規劃將軍澳新市鎮時，希望打造一個鐵路都會區。1985 年，政府宣布興建將軍澳支綫的計劃，並於 1999 年正式動工，2002 年先後完成油塘、調景嶺、將軍澳、坑口及寶琳站。此後，多個社區皆是圍繞鐵路站發展，上蓋興建多個大型商場及私人屋苑，形成以鐵路站為中心的社區結構。同年，政府與地鐵公司（現港鐵）簽訂合約，準備發展將軍澳工業邨以北的 86 區，興建配備商場及公園的超大型私人屋苑。[1] 然而，這個區域鄰近工業區，偏離將軍澳核心地帶，予人偏遠之感。因此，發展商以「地鐵夢幻之城」為旗號，強調將以鐵路快速連接市區來吸引買家。[2] 2009 年，日出康城第一期橫空出世，樓盤賣點港鐵康城站亦於同年啟用，將軍澳綫從此出現分歧。

自此，港鐵實施「3+1」班次，即每三班列車開往寶琳，就會有一班列車駛向康城。康城入伙初期，居住人口與寶琳及坑口仍相差甚遠，因此這個安排引起兩區居民關注，認為資源使用不當。然而，隨着康城不同期數物業陸續入伙，居民人數增加，差距繼而收窄，不滿聲音亦

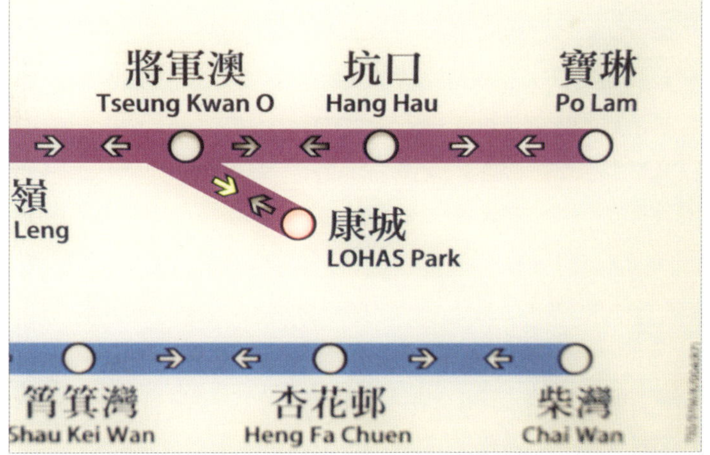


[1] 香港鐵路有限公司（2008）。《日出康城物業內容總覽》。

[2] 同上。

隨之減退。「3+1」安排沿用至今，於非繁忙時間，康城班次密度約為10 至 14 分鐘左右，繁忙時間則會增設班次，等候時間減至約 7 分鐘。

康城的發展不但改變將軍澳的面貌，更影響了三區居民的乘車習慣。從前你可以大安旨意，低頭邊按着電話，邊步進列車車廂——但現在你必須停一停，抬頭望一望月台上的電子顯示屏，又或彎腰檢查車門上方閃燈路線圖的紅燈標示，確認列車目的地，才可安心上車。

往寶琳、坑口的乘客，若不小心上錯車，發現自己正在前往康城，必須耐心等候列車到站，再乘搭下一班開出的列車，回到將軍澳站轉車。然而詭異的是，來回一轉的時間差距，剛好等同兩班康城班次的差距。當你到達將軍澳站，往往看見對面月台列車正在上落客，定當按捺不住跑過月台，希望追回搭錯車損失的時間。然而，待你衝進車廂，停下來喘口大氣後，抬頭一看，竟然發現路綫圖上，綠色箭頭指着下一車站竟再次是「康城」！再次進入百勝角隧道，你唯有嘆一口氣，悔恨自己不慎墮入這場「康城無限輪迴」。

「3+1」實行至今已 15 年，不少街坊嚐過苦頭後已變得機警，但總有失手之時。儘管稍有不便，但平衡各區居民需要亦是交通發展的重要考慮。隨着將藍公路落成，康城居民現在出入有更多選擇。盼望未來交通發展能更顧及通勤人士需要，為居民打造理想的「夢幻之城」。

康城

42

# 將軍澳的單車網絡

文：方琮聲 ｜ 攝：陳朗熹、樊樂怡

**雖然香港面積不大、公共交通高效，住所與工作地點的距離，仍是不少市民置業時的首要考慮。我身為將軍澳街坊，毋須跨區工作，能夠自豪地向朋友說：「從大學時期以來，我都是在單車徑上來回公司！」每天早上跨區搭車、在「沙甸魚罐頭」裏面烏眉瞌睡的朋友都會對我另類的通勤體驗，感到嘖嘖稱奇。**

2023 年是香港新市鎮發展計劃的五十週年。[1] 我認為，單車網絡可謂計劃最成功的一環，而將軍澳正是其中的佼佼者。不論你是否日常使用者，希望文章能令區內區外的你，用單車網絡重新認識將軍澳。

## 刻板印象：無街之城

提起將軍澳，也許區外人只會想起集交通、消費、居住於一體的港鐵上蓋項目。的而且確，港鐵將軍澳沿線的「鐵路和物業綜合發展經營」成果，無一例外地擔任區域的核心。不同發展商又在附近採取商場、住宅一體的綜合發展模式，彼此以天橋相連，形成方便舒適的大型室內空間，滿足居民的日常需要。③

在室外步行仍是在將軍澳生活的重要環節，惟體感未必理想——放眼盡是商場單調的立面、廣告牌、噴出熱氣的通風口、高速行駛的車輛……可謂絲毫不吸引。雖然地面一層只佔據整棟建築一小部分，卻主導了城市的人際交流，實在是城市生活氣息的根源；這種街道生活的缺失，令將軍澳多年來被批評 「無街之城」。

## 政府規劃：單車之城

小店林立的舊區是城市生活的唯一理想型嗎？有些朋友曾反映，將軍澳商場應有盡有，而在連綿的公園散步亦令人身心舒暢。不少每日在區內穿梭的街坊認為，四通八達的單車徑足以取代一般街道。

[1] 香港政府自 1973 年起，為了分散港九過於密集的人口及應付城市增長需求，在新界陸續發展新市鎮，其中包括將軍澳。

自香港政府於 1970 年代規劃新市鎮始，單車徑、行人路、行車路組成了完整的交通網絡。新市鎮的規劃原則是要創造自給自足的社區，滿足居民在區內居住、生活休閒、就業等需要。政府亦建議規劃師要建設安全的單車徑，減輕交通擠塞、空氣污染。[2]

若把騎單車目的分為區內通勤、康樂、運動，那麼在香港，前者遠不及後兩者普遍。各個市鎮的區內交通仍然依賴巴士或鐵路，大部分市民認為，騎單車只算是一種「重要的康樂活動」[3] 而非主流通勤方式。本地不少單車徑位處市鎮或屋苑邊陲，自然景觀琳琅滿目卻甚少與商戶相連。雖然規劃師營造出安全快速、景色優美的路徑，卻把車手與都市生活分隔，構成「週末才踩單車」的刻板印象。

從單車的日常使用和配套來看，將軍澳新市鎮中算是成功。將軍澳新市鎮面積約為十平方公里，說大不大，單車在約一個小時內便能橫跨；但說小不小，不少地方都在公共交通的覆蓋範圍外，而這時單車便大派用場。將軍澳填海所得的大片平地，允許政府廣泛鋪設馬路、行人路、單車徑並行的交通網絡；港鐵公司、醫院、學校、私人屋苑亦會提供單車泊位。

將軍澳也非傳統的「單車勝地」。在 2012 年康城、將軍澳南開發前，有超過二十年的時間，區內單車徑大部分都位處於內陸，並無任何優美海岸風景，難以像沙田、大埔般，吸引市民前來享受單車樂。不過，隨近年海濱地皮陸續發展、跨灣大橋落成，不只吸引更多區外騎手慕名而來，同樣亦鼓勵了區內居民以單車放鬆身心。社區發展至此，「將軍澳健康城市」的稱號可說是實至名歸。[4]

[2] Government Information Services (1979). *Hong Kong's New Towns*. Govt. Printer.

[3] 香港政府拓展署（1993）。《新市鎮發展二十年》。香港：香港政府拓展署。

[4] 林正財（2023 年 1 月 16 日）。〈實心實意：將軍澳跨灣連接路 推動 All for Health〉。《明報》。取自：https://ol.mingpao.com/ldy/beautystyle/fitness/20230116/1673806916198/實心實意 - 將軍澳跨灣連接路 - 推動 all-for-health。

## 民間共同推動單車友善社區

提起單車，不能不提將軍澳的地標——香港單車館。⑤作為香港首座符合專業規格、擁有室內單車賽道的場館，香港單車館象徵了政府推動單車運動的決心。然而，康文署根據全港通用的《遊樂場地規例》，一度禁止市民在單車館與運動場之間，甚為寬闊的路面騎單車；[5] 市民若要以單車來往將軍澳和坑口，必須「兜一大個圈」。經過市民、區議員和團體反映意見，康文署在 2017 年最後，終於開放二百多米的人車共用通道，由顏色線標示；康文署又在單車館外設置「單車園地」讓初學者體驗踏單車的樂趣。不過，在將軍澳運動場、富康花園中間，與寶康路平行的一段白色階磚路，車手就需要下車推行，免遭檢控。

## 共享單車帶來的新氣象

尋找合適空間停泊單車，成為了普及單車通勤的最大障礙。雖然區內公眾停泊位不少，但盜竊問題頗為嚴重；若要每年續租臨時泊位成本亦不菲。2017 年湧現的共享單車潮則為上述困境帶來曙光。

傳統單車店只能招待上門的實體顧客，租借成本較昂貴。近年科技公司看準香港單車泊位免費之利，在指定位置擺放大量單車，讓用戶以智能手機隨時隨地借還單車，更以牢固的電子鎖解決了單車被偷盜的問題。在高峰期，七家共享單車公司在香港共放置了 2.6 萬架單車。[6]

將軍澳可謂現時最適合發展共享單車的地區：一來區內單車舖較少而共享單車影響的商業利益也較小；二來將軍澳單車徑較平坦、距離得宜，對共享單車的天然損耗也會較少。

在將軍澳跨灣大橋的開通前夕，區內共享單車的數目有所增加， 可見的需求作準備。共享單車公司於 2023 年起推出指定時間內無限騎乘的收費模式，亦增加了服務的吸引力。凡此種種，方便的不僅是區內通勤的街坊也包括區外遊人。

[5] 香港單車館與將軍澳運動場之間的通道屬遊樂場地範圍，故受相關法例所規管。

[6] 紀曉風（2021 年 1 月 19 日）。〈單車退潮 剩一家未心灰〉。《信報》。取自：https://ejtech.hkej.com/?p=98093。

[7] 將軍澳隸屬西貢區。該區區徽是像個涼亭的「西」字，切合其坐擁美麗郊野的特色。

[8] 運輸及物流局（2021 年 2 月 13 日）。〈牛年伊始 活力無限 將軍澳跨灣連接路雙拱鋼橋〉。香港：運輸及物流局。取自：https://www.tlb.gov.hk/tc/blogarchives/index_id_39.html。

## 總結：無限可能

相比起較早開發的新市鎮，擁有完善單車網絡和康體設施的將軍澳予人一種年輕活力充沛的印象。根據近年人口調查數據，將軍澳確實是人口增長最大區域，可見發展潛力無限。這不禁讓人幻想：若將軍澳日後獨立成區，那社區標誌會是甚麼？

政府於 2009 年曾辦「我眼中的跨灣連接路」設計概念徵集活動，敲定了呼應社區活力的大橋設計：「以兩個向外傾斜的橋拱，與逐漸收窄的 V 型橋墩構成相連圓環，呈現出代表『無限』的數學符號∞」。[7]

跨灣大橋的建築理念也被其他政府部門使用。渠務署在將軍澳區內地盤，採用繪有大橋卡通圖案的圍板；藍塘傲對出海濱的寵物公園也有數個呈∞形雕塑，供寵物穿插嬉戲。將軍澳仍有大片空間尚待開發，憑着現有的單車網絡等基建條件，加上年輕而多元化的社群，將來定能擁抱無限的可能。[8]

43

# 漫步三十分鐘，看三十年規劃史

文：陳雋言 ｜ 圖：陳朗熹、樊樂怡

**將軍澳新市鎮自 80 年代起分階段發展，與天水圍及東涌同屬香港第三代新市鎮。[1] 走在將軍澳街上，一幢幢新落成的樓宇、一個個建築地盤，令人感覺這三十多年來，她的發展從未停歇。**

將軍澳站以北的公共屋邨（包括尚德邨、唐明苑）早於 90 年代經已落成，而站旁的私人屋苑（例如將軍澳中心、將軍澳廣場等）則於 00 年代相繼入伙。這批新屋苑落成之前，將軍澳站以南可謂一片狼藉，長滿雜草，被鐵絲網包圍。2007 年和 2015 至 16 年，這片閒置土地更屢被紅火蟻侵佔，成為街坊的一時熱話。直至近五至十年，臨海的地皮才逐漸發展，形成了俗稱「將軍澳南」的海邊社區。

其實，細心留意的話，你會發現以寶邑路為界，將軍澳站的南北兩邊具有截然不同的社區特色。而這些特色，其實跟新市鎮的發展歷程息息相關。以下介紹的散步路線，需時約三十分鐘，誠邀大家從將軍澳市中心出發，從新市鎮城市規劃角度細察這個新市鎮的變遷。

由單車館起步，經天橋橫越寶康路便會到達尚德邨的多層停車場。相信將軍澳居民對這個停車場不會感到陌生——畢竟它是許多街坊日常生活的必經之路。尚德邨的三個多層停車場分別位於尚德商場（現已易名為 TKO Spot）的東西兩面，彼此以天橋連接。行人可以從最東面的單車館，經停車場、商場、再停車場穿越到將軍澳西面的唐明苑，完全毋須經過地面。有趣的是，尚德幾個停車場，已經成為了這個「無街之城」天橋網絡密不可分的一部分：把停車場當作通道的街坊絡繹不絕，可算是一道特別的光景。

説到停車場，一橋之隔的唐明苑及彩明苑的停車場則是採用獨立多層大廈的設計，與屋邨住宅樓宇完全分隔。

近年香港同時受土地及車位短缺等問題所困，政府為了鼓勵發展商善用地面空間及興建地下停車場，決定收緊地面停車場可獲免計入樓面面積的措施。[2,3] 亦因如此，近年落成的屋邨及屋苑（特別是將軍澳南一帶）都傾向將停車場搬至地底，以盡量擴大發展項目的樓面面積和收益。

1 香港政府自 1973 年起，發展了九個新市鎮。按照發展時序，70 年代初期動工的荃灣、沙田和屯門新市鎮屬於第一代；70 年代後期動工的大埔、粉嶺 / 上水及元朗是第二代；將軍澳、天水圍和東涌的發展始於 80 及 90 年代，是為第三代。詳情可參考土木工程拓展署出版之《香港便覽：新市鎮、新發展區及市區發展計劃》（2021 年 5 月）。

2 規例詳情請參考相關報導：歐志軍（2017 年 3 月 20 日）。〈建地下公眾停車場 可免計入樓面面積〉。《星島日報》。取自 https://www.singtao.ca/1100844/2017-03-19/news-【獨家】地下公眾停車場免計樓面面積 %E3%80%80 屋宇署新招成商地發展誘因

3 值得注意的是，由於地底停車場的建築成本較高，興建需時較長，測量師學會於 2022 年建議政府重新恢復豁免地面停車場的樓面面積，以助加快建築項目。直至截稿時，政府暫時未就學會建議修改法例。有關測量師學會的建議，請見相關報道：劉夢婷（2022 年 10 月 11 日）。〈測量師學會倡停車場建地面豁免樓面面積　重建舊公屋、過渡屋增高〉。《香港 01》。取自 https://www.hk01.com/ 社會新聞 /824112/ 測量師學會倡停車場建地面豁免樓面面積 - 重建舊公屋 - 過渡屋增高

回到眼前建於 90 年代末至 00 年代初的多層停車場，看似平平無奇的停車場，從某種意義來說也算是種「歷史建築」。也許某天，這些建築物便會變得不合時宜，跟著名的油麻地停車場大廈一樣，因城市發展而逃不過被清拆的命運。[4]（諷刺的是，由於區內泊車位不足，政府需要在離唐明苑不遠處的市鎮公園地底加建地下停車場，公園工程因而延誤多時，至本書出版時仍未落成。）

穿過唐明苑，請沿唐德街向東走，在皇冠假日酒店旁轉入唐俊街繼續向南行。這一段路，也許最能夠體現到將軍澳「無街之城」特點的地方——與剛才熱鬧的尚德停車場通道相比，這段路人跡罕至；明明是行人路，臨街卻只有一整排停車場出口、通風口、緊急通道，一家商店都沒有。向上望，只見幾座龐然的屋苑平台，上面插着一枝枝高聳的住宅樓宇。連結馬路兩邊商場的天橋之間人潮如鯽，與地面空虛的街道形成強烈對比。這一幅光景，大概就是許多人對將軍澳的刻板印象。

有趣的是，如果繼續沿唐俊街前行，跨過寶邑路之後，馬上會感受到街道明顯變闊，景色豁然開朗，剛才由封閉式平台商場帶來的壓迫感亦漸漸消散。環顧四周，你會發現就連樹木的種類也變了——路中心種植了一排棕櫚樹，營造出稍為輕鬆的氣氛。走到靠近海邊的屋苑 Monterey，臨街更有許多提供露天雅座的咖啡店及食肆，街道變得十分熱鬧，跟剛才所見的「無街之城」大相逕庭。

[4] 油麻地停車場大廈於 1970 年代落成，為了騰出空間予路政署進行中九龍幹線工程，當局於 2021 年拆卸這座被譽為都市奇觀的建築物。

5 立法會規劃地政及工程事務委員會（2005 年 6 月）。《將軍澳進一步發展可行性研究－研究結果》。香港：房屋及規劃地政局－土木工程拓展署－規劃署。

6 城市規劃委員會（2023 年 12 月）。《將軍澳分區計劃大綱草圖編號 S/TKO/29》。城市規劃委員會。

7 根據香港《建築物條例》，所有建築物首 15 米的非住用空間，可享有 100% 覆蓋率，亦即地盤有多大，建築物就可蓋多大；15 米以上則只容許較低覆蓋率。發展商為了用盡空間，往往會將 15 米以下空間用作商場或停車場，平台之上則建造一幢幢住宅大廈。這種以平台＋高樓模式興建的發展項目，遠看就似插着一枝枝蠟燭的蛋糕，被戲稱為「蛋糕樓」。請參閱〈鐵路上蓋的石屎蛋糕〉。《明報周刊》，2376。

到底是甚麼原因，導致將軍澳南採取了完全不同的發展方式？原來政府於 2000 年代初期開始發展該區時，因應社會各界對高密度發展和大型填海計劃的憂慮，開展了公眾諮詢，並於 2005 年進行「將軍澳進一步發展的可行性研究」。研究報告提出不少建議，包括降低發展密度、建築物高度呈梯級形遞減以保留海濱景色、設置行人專用區和地面的餐飲零售設施等。[5] 其後的將軍澳分區計劃大綱圖，更明言鼓勵「建立生氣洋溢的街景和進行各種活動，避免採用平台式發展以減少部分發展地帶變成暮氣沉沉」。[6] 以分區計劃大綱圖為基礎，透過限制上蓋面積、建築物高度及加入相關地契條款，終令將軍澳南的發展項目實現「還街於人」。

一直走到海濱長廊，這段三十分鐘的散步之旅亦來到尾聲。將軍澳新市鎮範圍廣闊，當然還有很多值得遊覽的地方，但望這短小精悍的路線，能夠讓你快速感受到將軍澳不同年代的發展特色，了解新市鎮規劃的變遷：近年在本港逐漸式微、仍然存在於將軍澳的地面多層停車場，見證了社會對地面空間運用的不同想像；而「蛋糕樓」[7] 的消失亦承載着社會對重塑街道活力的期盼。城市觀察的樂趣，不止於欣賞眼前事物的美，更在於解讀規劃及設計背後，城市發展的時代背景及反映的社會價值。

44

# 夜遊將軍澳

文：陳雋言、王俊喬 ｜ 攝：王俊喬、陳朗熹

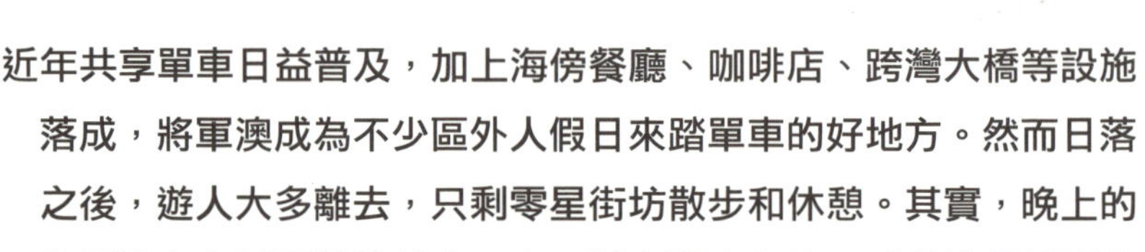

近年共享單車日益普及，加上海傍餐廳、咖啡店、跨灣大橋等設施落成，將軍澳成為不少區外人假日來踏單車的好地方。然而日落之後，遊人大多離去，只剩零星街坊散步和休憩。其實，晚上的將軍澳亦有其獨特的魅力。來，踏上單車之旅，感受這個社區的另一面！

逐漸發展成熟的康城社區（左）及將軍澳跨灣大橋。

晚上海濱人煙稀少，與日間形成強烈對比。細心留意圖右的路牌，試猜猜「將軍澳（東）」所指的是區內哪個社區？

從港鐵調景嶺站出發，沿着唐賢街向海濱前進，不久跨灣大橋便會映入眼簾。每晚 7 至 9 時，大橋五顏六色的燈光會映射在海面之上。遠處的康城跟將軍澳市中心之間隔着黑壓壓的大片山頭，[1] 令康城看似一座「孤島」。很難想像，十幾年前那裏還是一片荒蕪。

將軍澳市區與日出康城之間燈光暗淡的位置，前方近海處為百勝角，後方則是上洋山至釣魚翁等四座山峰。百勝角一帶現時只有清水灣半島私人屋苑、消防及救護學院等零星建築群，但政府及私人發展商已計劃在該區興建房屋，因此幾年之後，康城或許便不再是「孤島」了。

踏上跨灣大橋的路程雖然不算輕鬆，但陣陣海風送來涼意，身心逐漸放鬆，沒多久便攀升到橋的最高點，將軍澳市區的萬家燈火和壯麗天際線在眼前展開。試想像，五十年前，將軍澳尚未填海，這些高樓大廈的所在之處，本是一個天然海灣，縱沒萬家燈火卻有漫天星光，不禁令人感嘆城市發展之迅速。轉眼間，這個社區已經住着四十萬人，躍為發展成熟的新市鎮。

[1] 將軍澳市區與日出康城之間燈光暗淡的位置，前方近海處為百勝角，後方則是上洋山至釣魚翁等四座山峰。百勝角一帶現時只有清水灣半島私人屋苑、消防及救護學院等零星建築群，但政府及私人發展商已計劃在該區興建房屋，因此幾年之後，康城或許便不再是「孤島」了。

橫越大橋後來到單車徑迴旋處，轉左沿海邊前行，經過康城後到達另一個迴旋處，繼續靠左邊的海傍單車徑直走，便會到達分隔將軍澳南與康城的東邊水道。橫過人稱北橋的「海濱公園行人天橋」，轉右便來到泊滿船艇的灣畔徑一帶。當夜幕降臨，仍有不少街坊在此運動或休息。凝視漁船在水面上搖曳的倒影，剛好與燈光交織成一片絢麗的畫

從跨灣大橋可遠眺將軍澳市區的夜景。

東邊水道泊滿小船，像是將軍澳漁村歷史的憑證。

將軍澳海傍單車徑的隧道設計。

圖左為香港知專設計學院（HKDI）。儘管夜已深，但仍有機會於玻璃窗窺見設計系學生通宵趕工。

在晚上，調景嶺體育館外草地回歸平靜，等待你來獨享。

在草地最高處張望，能隱約看到被地盤遮擋的將軍澳海濱公園。

面。在這裏，時間似乎悄悄停滯，讓人忘卻城市喧囂，只專注於當刻恬靜。

在灣畔徑一帶稍作停留後，你可沿着將軍澳南海傍繼續旅程。這段海濱較為熱鬧，除了散步、運動、放狗的街坊，沿途亦有幾家餐廳和酒吧。深夜時分，偶爾有年輕人帶着罐裝啤酒和燒酒，到早已打烊的咖啡店前露天座位聊天，格外寫意。這段單車徑有別於旁邊的行人路，時而下降入隧道，時而爬升回地面，「人車分隔」也是一大特色。

沿着單車徑前駛，便能回到調景嶺站。將軍澳的夜遊景點當然不止海傍，在此推薦你順道走訪附近的調景嶺體育館。體育館門外的一片草

為幼童而設的矮小遊樂設施。

較高的遊樂設施及小型攀爬區。

攀爬架之上，會有甚麼風景呢？

享受完獨處的時光，離開公園後，在附近可看到有趣的塗鴉。

地，平日人流頗多，但一到晚上，就幾乎沒有人使用。在草地或坐或臥，可一邊享受獨處時光，一邊以目光將軍澳夜空罕見的星星。

享受過這片草地，走上樓梯便能來到調景嶺體育館的上層平台花園，這裏除了洗手間，亦有兩個適合不同年齡兒童的遊樂場。來到深夜，小朋友早已回家就寢，遊樂場搖身一變，成為大人把酒問月之地。不少人孤身來到，乾一罐酒，凝望夜空與街景，思索人生。

除了思考，公園亦有空間供你活動身體。在遊樂設施旁邊，有一個繩索攀爬區。白天是小朋友的主場，成年人總不好意思與兒童爭奪空間，唯有把握晚上時光。

若非攀石愛好者，多數城市人長大後甚少手腳並用地爬上爬下。夜闌人靜四下無人，既然沒有觀眾也就沒有包袱，即管挑戰自己，努力爭取攀爬架最高處的風景吧！

晚上騎着單車繞一圈，一次過遊歷壯觀的海上大橋、帶鄉郊漁村風情的水道、優閒的海濱長廊、規劃完善而舒適的新型公共空間，你會發現將軍澳的夜可動可靜，風景多變。如果喜歡這趟旅程，不妨繼續探索，發掘專屬於你的夜遊路線。

# 45

# 想像跨灣連接路

文：司徒曉晴 ｜ 攝：司徒曉晴、黃尹莊

**將軍澳灣南面與東北角，一大一小屹立着一大一小兩道鋼拱橋，一呼一應，猶如一對姐妹。兩橋屬同一個建設項目，橫跨將軍澳灣的是跨灣連接路（下稱「跨灣橋」），連接東邊水道兩岸的是南橋。前者集車道、單車徑和行人路於一身，連接調景嶺與日出康城；後者則是一道行人橋。入夜後的跨灣橋既是色彩絢爛的「蝴蝶」，又是夜歸人的指路明燈。穿梭其上，引發無限遐想，猶似進入如詩如畫的電影世界，成為大家抒發情感的寄託，嚮往愛情的影射。**

## 在這橋，望那橋

2006 年，政府舉辦「我眼中的跨灣連接路」設計概念徵集活動，終選定「活力無限」雙橋拱設計方案：兩個向外傾斜的橋拱，呈現代表無限的符號「∞」。至興建南橋時，也採用類似跨灣橋的鋼拱橋設計。

在南橋上眺望跨灣橋的橋拱，弧形鋼拱擷取山丘的線條，與港島對岸延綿不斷的山巒融為一體。倒過頭來，則會看到人潮如同滔滔不絕的「波浪」，使東面水道生色不少。

## 走上橋，遠離繁囂

每到夜幕低垂，將軍澳灣一如既往的平靜，路上的行人與車輛寥寥可數跨灣橋是送給夜歸人的一盞指路明燈。

自從跨灣橋開通，康城夜歸人有了另一個回家路線選擇。從調景嶺站出發，沿維景灣畔旁的唐賢街前行，走過海濱長廊的延伸路段，便會來到將藍公路花園。透過花園旁的「天窗」，可以俯瞰下面的公路。閉上眼睛，耳際潺潺的「海浪聲」，其實是私家車在柏油路上馳騁的呼叫，此起彼落，有一刻會以為是海的吶喊。

透過將藍公路花園旁的「天窗」，可以俯瞰下面的公路

**觀星貼士**

將藍公路花園對出，街燈「GE5449」至「GE5455」的路段，乃最佳觀星位置。站在兩燈中間，你可用手臂擋住街燈的強光，欣賞海灣的夜空。

## 「霧之都」的《霧之戀》

將軍澳的春天格外潮濕，大霧籠罩整個市鎮和海灣，有時幾乎伸手不見五指。在這些日子，看不到風景不要緊，不妨加點想像力，幻想一場《霧之戀》。[1]

有街坊笑稱，長達 1.8 公里的跨灣橋是一座「行到上去走唔甩，返唔到轉頭」的橋，行之前要三思。試想像跨灣橋是一張沒有音符的五線譜，一字排開的街燈彷如樂章的豎線小節。樂曲的節奏與速度由行人自由定奪，上斜時走慢板，落斜時走快板，享受先苦後甜的快感，經過兩個觀景台時加個半分休止符，停頓稍息。

既然走在一條不能「轉彎抹角」，不能轉身就走的大橋上，就借一條橋的時間，用最舒服的步調走，全神貫注地與相約對象（如有）獨處，讓對方「好好望真你」把心中所想一一傾吐。

## 橋上的閾限空間

往環保大道方向下坡，在康城千萬廣廈前稍休，你驀然回首，眼前是一條空蕩蕩的單車徑。似曾相識的空間讓你想起科幻愛情電影《觸不到的她（Her）》（2013）其中一幕：男主角 Theodore 與前妻在一條空蕩的公路上依偎，俏皮地撿來「雪糕筒」套在頭上玩鬧，在無人之境發掘都市的「閾限空間」（Liminal Space）。[2]

在閾限空間之中，戀人有時會墮入「世界只有彼此」的氛圍，不自覺地在對方面前盡情表現淘氣調皮的一面。譬如小情侶喜歡相約在夜闌人靜的公園，放下成年人的包袱，脫離社會規範，釋放自我。公路本是過渡用的「非場所」（non-place），既不屬於此地，也不屬於彼方，但人與人的交流和情感，與大橋的獨特場景碰撞之下，也可併發出特殊的空間。

1 《霧之戀》是香港歌手譚詠麟的名曲，收錄於 1984 推出的同名專輯，原曲為高橋真梨子的《For You...》。

2 在城市學的語境中，閾限空間（liminal space）是指兩點之間的過渡空間，例如走廊通道、停車場、荒廢的建築物等等。而在文學和藝術的語境中，閾限空間則是指一種類似中介地帶，帶着夢幻、超現實等質，容讓交流和改變發生的場景。

## 大橋作為離別前的最後風景

生命是一條不可逆行的單程路，面前只有不斷經歷的當下、聚散、無常。到跨灣橋漫步，看着漸行漸遠的人物景緻，也許你對散聚分離會有一番領悟。

電影《秋天的童話》(1987) 講述兩個異鄉人在紐約相愛的故事。「十三妹」(鍾楚紅飾) 搬離位於布魯克林大橋附近的居所，與「船頭尺」(周潤發飾) 臨別秋波之際，曖昧不明地交換信物。船頭尺不甘緣盡，一股衝動跑上大橋，試圖延長她存在眼眶裏的一分一秒，上前表明心迹。

決意離開的人是留不住的，船頭尺只能留在原地目送心愛的人離開，橋底下的他顯得何等渺小。他打開信物，竟是十三妹珍而重之的手錶，而他送給對方的，正好是她在古董店看上的錶帶。他一下子覺悟，因為未了的心結終要解開。

## 「蝴蝶橋」

折回康城海傍的路上，請尋找編號為「GE5135A」的街燈。你可捕捉到一隻粉蝶張開翅膀，在海中心吸水。

雙拱鋼橋兩側裝滿彩色射燈，每晚 7 至 9 時上演燈光秀，為將軍澳增添色彩。蝴蝶驟然一變，在花叢間翩翩起舞，兩邊前翅各有 17 根翅脈，時而蔚藍、時而橙紅、時而粉紫，披上不同色彩。「七時花九時變」的蝴蝶於深宵時分將褪去五光十色，繼續停棲於海上，靜待翌日朝陽升起之時。

延伸閱讀

1 Spike Jonze (監製、編導) (2013)《觸不到的她》[電影]。美國：華納兄弟。

2 岑建勳 (監製)、張婉婷 (導演)、羅啟銳 (編劇) (1987)。電影《秋天的童話》[電影]。香港：德寶電影公司。

# 46

# 渡輪再現，槳聲如歌

文：蔡嘉濠 ｜ 攝：蔡嘉濠、樊樂怡

**將軍澳南居民出門，大多選擇向北走至港鐵站。但如反其道而行，向南往陸地邊緣走去，原來也有出路！**

[1] 計超（2013）。《荒原上的遺民——調景嶺的滄桑歲月與愛的軌迹》。香港：印象文字。

海上一艘藍白色小輪緩緩駛來，在眼前的登岸梯級繫泊。船上的乘客魚貫上岸，當中有的抱着小狗，有的攜着單車。船客可攜帶寵物、單車、貨物，僅當作多一個人上船般付款。

輪到陸上的人上船，拾級而下，跨過罅隙，踏上甲板。八達通「嘟——」的一聲扣除船費，銀碼相比過海巴士和鐵路都要高。不過，一個人作決定，往往還要考慮眾多因素，未必每個因素都能以數字衡量——譬如美好的風景與乘風破浪的感覺。

船長啟動引擎，船隻噠噠的駛離。站在船尾，眼前是新市鎮自海邊至內陸一樓還有一樓高；轉向船頭，乃大片碧藍的海浪滾滾無窮無盡。這片風景提醒我們，將軍澳自古以來，就與水為鄰。昔日調景嶺村最早的交通就是渡輪，駛向筲箕灣。所以，調景嶺郵政由筲箕灣郵政局管轄，凡自調景嶺寄出或從外面寄入的信件，須在信封註明「由筲箕灣轉往調景嶺村」。[1] 52

船隻離岸五分鐘，就趨近將軍澳跨灣大橋。[2] 香港從大橋底下鑽過的航線不多。[3] 我們的小輪沒因大型基建的氣勢而怯懦動搖，就往橋拱衝過去。在橋底，看見上方橋身結構部件線條細密卻井然有序，橋墩「V」形設計使視線可從中穿過延綿延伸。

一眨眼工夫，船隻已脫離被橋樑包圍的將軍澳灣，邁向更廣大的藍塘海峽。左方或高或矮的是將軍澳工業邨不同廠房，伴着一串深綠自然乃未開發佛堂洲。㊿右方山邊一條直線向上指着大片失去植被的灰白山頭，是華永徑通向將軍澳華人永遠墳場。(54)

轉過鯉魚門，數間石屋點綴大片蘆葦草與削得光禿的山坡，是石礦場提示我們已進入維港。另一邊廂，則是港島杏花邨經山頭至海防博物館。當看見石塊密集堆砌的防坡堤，就知道自己身在筲箕灣避風塘外圍，距離目的地不遠矣。

船隻轉入避風塘，緩緩靠向岸邊。船程僅約二十分鐘。港島登岸點鄰近蘇豪東、太安樓，是消遣娛樂好去處；亦可在嘉亨灣樓下的巴士總站，選乘路線前往中上環、銅鑼灣、赤柱等熱點。

[2] 若在傍晚搭乘尾班船，可欣賞跨灣橋發放幻燈點綴周遭漆黑的海和遠處萬家燈火。(45)

[3] 計有航線「屯門—大澳」、「馬灣—中環」、「馬灣—荃灣」及「將軍澳（南）—西灣河」。

渡輪開通不久，客量未穩定，船公司會視乎情況，派出大船或小船。小船雖只載客 40 人，乘客卻能近距離觀看船長掌舵的英姿，算是香港市區日常難得的體驗。

locobike

攝：陸曉嘉

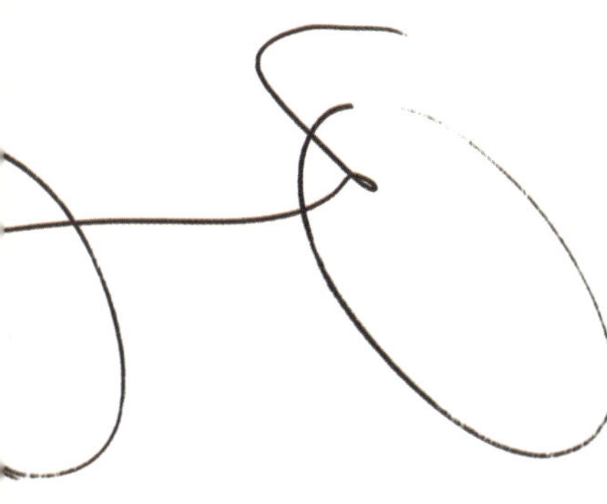

## 邊陲

上山下海，城市邊陲即另一開端

# 48

# 多元空間——灣畔徑

文：黃宇軒 | 攝：陳朗熹、樊樂怡

一直認為，灣畔徑是將軍澳其中一條有趣的路。在各大海濱長廊落成之前，將軍澳許多臨海地帶還在大興土木，行人無法接近。那時會想：「澳」明明是海港的意思，如果想在將軍澳看海，到底要去哪兒？帶着這問題打開地圖，發現唯一接觸到海洋的邊界，是將軍澳灣「最入面」、沒有因為填海而被拉得太直的東邊水道。

東邊水道與至善街之間的公共空間，是街坊樂於相聚逗留的角落。若你稍稍調整觀察角度，把高樓排除在視線範圍外，眼前便只有大海與各種小船、快艇，還有對岸翠綠的小山。你彷彿身在西貢海邊，而非現實中的高密度新市鎮。大概因為這樣，此處成了居民散心的熱門地點。

走到水道的「尖角」，就踏上一條名為「灣畔徑」的路。灣畔徑的「灣」，正是這曾屬將軍澳區內唯一可徒步遇上鹹水的小灣。灣畔徑是一條非典型的窄長路，順着那尖灣建成，沿路設有綠色欄杆。它的入口很易被區外人錯過，開首一段路兩旁長滿大樹，走在其中頗有神秘感。然而，之後的路段景觀開揚，可回望到將軍澳的天際線，也可細看水面上的石叢。再走下去，到達屋苑「清水灣半島」，風景又迎來一大改變，幽徑變了鋪得齊整、由屋苑管理的「海濱長廊」。

許多人可能走畢這段長廊，就掉頭折返，或走上蓬萊路。但走進高架迴旋處之下的空間，被數根巨柱包圍，猶如希臘神殿，教人難忘。你更可穿過巨柱陣，踏上水面的石陣，緩緩步向海，回顧之前走過的路徑。

這樣一條依地形而造，而又分別因屋苑和基建而衍生出不同部分的路，哪怕有點隱秘，但能讓人一口氣體驗三種將軍澳空間，展示將軍澳可以為行人帶來的驚喜。

# 49

# 城裏修練——日出康城瀑布

文：黃仲亨 ｜ 攝：樊樂怡

**古人修練，通常攀山涉水躲到深山裏去。但原來在將軍澳這般現代化的新市鎮，同樣有可讓人靜心修行的天然秘境！**

來到康城站附近的思貝禮國際學校，在學校後門附近旁邊覓得小徑入口，便可以準備這次小冒險。其實這裏不算偏僻，四周環境開揚，不時有街坊經過。穿過狹窄的小徑，來到岔口往左走，便會隱約聽到潺潺流水和樹葉嗖嗖的聲音，多走幾步已是小瀑布！

即使這條小瀑布名不經傳，並非氣勢磅礡的名瀑，但它卻提醒我們，微小但美好的事物始終會獲得知音人欣賞。

近年越來越多港人為了減壓、避開購物區人潮等各種原因，每逢假期便跑到本地郊野闖蕩。但假若你不想攀山涉水[53]，這種親民的城市後山，同樣能令你驚喜又舒暢。

位於寶琳和坑口後面的鴨仔山亦只是低矮的「屋企後山」，但因山上佈滿由街坊共建的晨運設施，成為在區外也薄有名氣的將軍澳後花園[50]。雖然「康城瀑布」不像鴨仔山般有着濃厚的生活氣息，知名度亦不及同在將軍澳區的小夏威夷瀑布，但也可以稱得上是康城人獨有的另一個社區後花園。也許正因為其低調及隱蔽，才能保有一種獨特的幽靜氛圍。

隱蔽的小徑入口位於學校後門旁邊

跨過溪澗，沿路走到岔口往左走

繼續前行，瀑布就在不遠處，離遠已可聽到潺潺流水聲

街坊自製的練拳沙包

小瀑布傳來連綿不絕的流水聲

瀑布和水道四周生意盎然，可找到不少有趣的動植物。不少街坊會來野餐，又或帶寵物來此散步

小瀑布旁邊，數張石凳圍繞着一棵樹，有趣的是，樹枝掛着一個用鮮紅色毛絨和尼龍繩紮成的沙包，內裏的填充物質地堅硬，或是石頭。這個沙包造工粗糙，看得出是由街坊自製。原來這裏不僅能靜修，還能習武，讓人彷彿置身於武俠小説中的深山幽谷！而在懸掛沙包的大樹樹身上，又釘着好幾張告示，提醒遊人要帶走垃圾。這個 DIY 的習武之地反映了街坊的創意和對地方的歸屬感——只有夠在乎、夠喜歡一個地方，才會大費周章搜集材料、出心出力製作這些社區設施。[1]

走下水澗，水並不深，能清晰望見水底大小石頭堆疊。蜿蜒曲折的水流令人好奇，如果一直跟着水道走，會否能夠走到海邊？可惜一如本港絕大部分的溪流，它的下游已變成人工化渠道，在數據中心後方更被覆蓋，成為暗渠。但若往上游方向登上小瀑布旁邊，就可感受水流傾瀉而下、撞擊在岩石稜角上而繼續分流而行所展現出的生命力。近年靜觀漸漸流行，不妨以此優美環境為道場練習靜觀，體驗一下深山修練的感覺。

若意猶未盡，可從方才小徑的分岔口往右走，前行不久，左邊便會出現山徑，由此只需約一小時便可登上釣魚翁。釣魚翁被稱為西貢三尖之一，[2] 山頂景觀優美，既可俯瞰清水灣一帶美景，亦可遠眺東龍島及香港島的景色，令人心曠神怡。不過登上釣魚翁山頂的路徑未經修葺，碎石較多，登山時或需手腳並用，經驗不足者不建議循此途徑上山。

[1] 不過，在樹上懸掛重甸甸的沙包和在樹身釘上告示，都有可能傷害樹木。大家郊遊的時候，還請遵守「無痕山林」(leave no trace)原則，不帶走任何花草木石和動物、不改動環境，保持環境原有風貌。

[2] 西貢三尖是指蚺蛇尖、釣魚翁及睇魚岩頂，蚺蛇尖登山難度最高，釣魚翁居中，睇魚岩頂次之。

# 50

# 後山花園——鴨仔山

文、攝：方泳婷

**一日之計在於晨。將軍澳的清晨，從屋邨的後山開始。每天清早，一群街坊穿上運動裝束，準備前往將軍澳的晨運熱點——鴨仔山。**

鴨仔山，又稱魷魚灣山，鄰近寶琳、坑口兩區，山徑分別連接將軍澳新市鎮及西貢大埔仔。傳聞最初山的形狀貌似小鴨；如今，「鴨頭」、「鴨頸」早已因新市鎮發展而被夷平，只有「鴨仔山」的名字倖存。

平平無奇的一座後山，在區內卻享負盛名，是住在附近街坊的休閒首選。不少退休街坊會帶同孩子和寵物一同上山；有時相約三五知己晨運，再到香港科技大學的酒樓喝個早茶，亦有就讀科大的學生會選擇每天翻山越嶺徒步回校。周末時，運動健兒、一家大小欣然而至，享受簡單的郊遊樂。由景林邨對面或坑口村入口上鴨仔山，不消一小時便能到達西貢清水灣道。山頂上可眺望西貢清水灣牛尾海及銀線灣一帶的風光。

鴨仔山約一百五十米高，沿路多為幅度平緩的斜坡與梯級，樹蔭茂密，路線簡易，老少皆宜。不少街坊會捨棄住宅附近的社區公園，多爬幾級樓梯舒展筋骨。

山上設有多個公共的休憩及健體設施，數量比一般康樂徑多。然而，設施的出現並非偶然，而是山友與街坊爭取多年的成果。2009 年，約 200 名 60 至 90 歲居民和山友成立「將軍澳長者民生關注會」，致力為區內長者表達訴求及爭取福祉 。在這批熱心人士努力下，西貢區議會於 2017 年決定修葺鴨仔山的山徑、增設永久公廁，並將山徑連同衞奕信徑第三段、茅湖山觀測台、將軍澳風物汛，串連成「將軍澳文物行山徑」。[52]

市區居住環境狹窄，唯有將植物搬到後山栽種，順便美化山頭景觀，搭建屬於自己的「屋企後花園」。

早上的鴨仔山，成為將軍澳重要的「聯誼會」，吸引越來越多街坊們聚腳於此。為打造山友都能舒適享受的公共空間，部分人開始落手落腳利用樹枝、帆布、廢棄桌椅、剩餘的建築物料，搭建梯級小徑、涼亭、花圃、護土牆。街坊在避雨亭掛上月曆、時鐘，甚至配有題字的旅遊照片，儼如到訪不同街坊的家中客廳，為山頭注入溫暖的歸屬感。

要數山上最常見的居民物品，非膠水桶莫屬。街坊經常雙手提着裝滿的水桶來回上落，悉心灌溉山上林木和自種花卉。不少人可能會好奇：到底水源從哪裏來呢？原來，除了取用山水外，山友更於避雨亭設置膠管蒐集雨水，導入底部的水缸或膠桶，再人手分發至山上不同位置。同區的第二座後山──五桂山也出現類似的畫面。調景嶺居民自發鋪設水管引至山下，每次上山運動後取幾口飲用，或用膠桶盛載，拿回家泡茶，完成恒常的生活儀式。

要成為一個「健康城市」，不能只靠一句官方口號和標籤，而需要居民集體活出來。將軍澳受群山環繞，環境得天獨厚；居民亦付出心血和時間，構築心目中的社區花園。這份對安樂窩的嚮往和守護，讓這片樂土得以延續。若有機會，不妨來探訪這個居民親手打造的小天地，細聽屬於他們的「鴨仔山故事」。

# 51

# 將軍澳有個夏威夷

文：周頌天 ｜ 攝：周頌天、樊樂怡

美國的夏威夷以壯麗的自然風貌聞名於世，原來將軍澳亦有一個迷你版的世外桃源。

上世紀 50 年代，井欄樹村的居民將據説是廢棄麵粉廠[1]之蓄水池修葺為游泳場，以其風光美麗，命名為「小夏威夷游泳場」。途經游泳場的古道亦因而冠上小夏威夷徑之名。

若想到小夏威夷徑一探究竟，可從將軍澳村起步，沿村內的小夏威夷徑指示牌前行，在寶康路、穎禮路交界右轉；在下一個路口左轉，便會發現左方的井欄樹溪下游和一道小橋。抬頭向山張望，便會發現小夏威夷瀑布的蹤影。

小橋旁邊有一塊石碑，説明這是 1954 年建成的「平安橋」。循石碑旁的石級上山，走約十分鐘，你便會到達一個十字路口，欲尋小夏威夷瀑布及游泳場的遺址，請朝井欄樹方向登上梯級。若然時間充裕，也可轉左向澳頭進發，先訪蓮苑台瀑布——其實這是同一條溪流較低位置的瀑布。遊覽完畢便可原路返回十字路口，續上小夏威夷瀑布。

[1] 1907 年，加拿大籍商人 Alfred Herbert Rennie 在調景嶺開設麵粉廠。為解決水源問題，他在附近山上修築堤壩和蓄水池，引溪水至廠房。詳情可參考文章：邵超（2013 年）。〈坑口古道　瀑布涼夏〉。《蘋果日報》。（原網站已刪除，但可參考轉載於香港科技大學網站的版本：https://shss.hkust.edu.hk/news/kengkougudao-pubuliangxia）

若於十字路口選擇左轉向澳頭進發，你將會途經蓮苑台瀑布。路邊大石上，「蓮苑台」三字隱約可見。

石縫間長着不少石菖蒲。這是一種生於山澗環境的原生植物，能夠淨化水質，亦是一種中草藥。

將軍澳群山環繞，昔日陸路交通不便。從曾經矗立的問路石，可以想像當年村民背着一籮籮商品到其他村落，甚至遠赴九龍，途長路遠的艱辛

小夏威夷徑從市區相當易達，老少咸宜，不少遊人在瀑布的大石上欣賞將軍澳風景、閉目默想、尋找水中小生物等。

隨石徑走，可望見蓄水池、游泳場的遺址和已崩塌的堤壩

堤壩附近路邊有第二塊石碑，刻着「清平橋」、「清光緒拾四年」等字樣，佐證小夏威夷徑作為將軍澳村民往返市區要道的歷史

從分岔路口向井欄樹步行 10 至 15 分鐘後，便會到達小夏威夷瀑布。瀑布的水流由昔日的堤壩中湧出，順勢流過石橋，最終從懸崖傾瀉至蓮苑台瀑布。從懸崖位置可俯瞰將軍澳全景，景觀開揚，是遊客拍照打卡的熱點。

美景在後頭，再走五分鐘，便會發現一片翠綠的山谷，令人心曠神怡，其優美實在不輸瀑布。看見左方零星的山居，令人想起同樣隱世的《魔戒》哈比人小村落。

小夏威夷徑與衛奕信徑相接：一面通向井欄樹，另一面通向澳頭。若要重返市區，你可選擇經井欄樹村到清水灣道，循澳頭方向下山至翠林邨⑮，或原路折返將軍澳村。

離開瀑布後，山谷美景一樣令人驚喜

沿途會不時看到水利設施遺蹟，相信是屬於從前的麵粉廠

山間物種豐富，漫山蝴蝶飛舞，鳥聲啁啾，樹木在陽光下亦散發出動人神彩

在接近井欄樹的路上，處處可見火紅色的象牙花，吸引暗綠繡眼鳥等鳥兒吸蜜

# 52

# 遍尋痕跡——調景嶺歷史殘餘

文、攝：蔡嘉濠

除了轉綫站，你對調景嶺有多了解？原來早在鐵路站位置對出仍是波平如鏡的「照鏡環」時，山上已有滿清碉堡矗立，倫尼麵粉廠曇花一現。倫尼繫頸投海自盡卻被誤傳死因，此地被喚作「吊頸嶺」。[1] 後來政府把國共內戰難民遷來，難民建設「調景嶺」社區，寓意「調整景況」。[2]

無奈景況被不斷調整，調景嶺現已面目全非，只剩點點遺物散落各處。近年，該區遺蹟舊調景嶺警署被活化成「將軍澳風物汛」，大家可從中串連遺物，展開一場遍尋歷史痕跡之旅。

「倫尼的磨坊」（Rennie's Mill）早已拆卸，只餘寶琳南路上這塊路牌作印記

以往調景嶺寮屋佈滿山頭，確實琳瑯滿目，此刻沿寶琳南路走至舊調景嶺巴士總站，只見樹木叢生

為模擬昔日通勤體驗，你可在觀塘裕民坊登上專綫小巴 13 線（觀塘裕民坊－康盛花園）至靈實醫院下車。以前市民循陸路進入調景嶺村，須在蜿蜒曲折的寶琳路上起伏穿梭。現在，即使寶琳路已經拉直平整，小巴 13 線仍依循昔日 10A 線[3]鑽進寶琳南路。

調景嶺仍是難民營時，曾有不少傳教士入山支援與傳教㉚。上世紀五十年代，靈實肺病療養院（靈實醫院前身）[4]落成，服務至今。[5]療養院落成後，惠施霖牧師（Rev. Sterling Whitener）主持修建道路，並以其妻惠寶琳（Barbara Whitener）命名為「寶琳路」，更引伸「如入寶山，琳瑯滿目」[6]之意。[7]

沿寶琳南路向西南前進，道路右邊忽然出現一段斜路，轉右走上去會到達一處平台，地面上遺下些鋼筋乃舊日房屋的地基。如今，有人在旁搭起帳篷，更放置摺桌、椅子、單槓等，形成簡單的休憩角落和運動場地。

[1] 余震宇（2021）。《壹街一個故事 新界東篇》。香港：日閱堂出版社。

[2] 西貢區議會。〈大話西貢—— 三. 蹈海誤傳成自縊—調景嶺果真曾"吊頸"？〉。《西貢旅遊網》。取自：http://www.travelinsaikung.org.hk/Historical/view.aspx?menu=15&Nid=38

[3] 專綫小巴 10A 線在 1982 年開辦，來往觀塘及調景嶺。因為政府在 1996 年清拆調景嶺平房區，10A 線編號改為 10M，路線變成觀塘至將軍澳寶琳，不經調景嶺。

[4] 當時司務道教士（Sister Annie Skau Berntsen）眼見調景嶺居民不少染上肺病，因此率眾在調景嶺附近、一片名為「元洲」的荒地上興建「靈實肺病療養院」，輾轉發展成今天的靈實醫院。詳見基督教靈實協會網頁上的「發展歷史」。取自：https://hohcs.org.hk/elementor-5721

[5] 靈實醫院現為調景嶺村唯一留在原地，並以原有用途運作的建築物。參見林茵（2013 年 8 月 4 日）。〈調景嶺　寶島痕迹〉。《明報．星期日生活．街知巷聞》，S08 版。

[6] 出自 1956 年，時任新界民政署長彭德（Kenneth Myer Arthur Barnett）主持通車之致辭內容。參見〈西貢寶琳路落成 彭德主持開放〉（1956 年 11 月 7 日）。《工商日報》。

[7] 計超（2013）。《荒原上的遺民——調景嶺的滄桑歲月與愛的軌迹》。香港：印象文字。

## 【Checkpoint：寶琳南路過分岔路後！向左走，向右走？】

繼續沿寶琳南路走，會來到這個「Checkpoint」。

向右→（A）茅湖山觀測台

向左→（B）將軍澳風物汛

## (A) 茅湖山觀測台

沿山路步行約 15 分鐘，看見路徑盡頭的小碉堡在林木間勉力探頭，向行人問好

圓形石砌塔樓的設計如同歐洲小石堡，旁邊則是一間長方形的石屋

茅湖山觀測台建於清朝，估計與對岸佛堂洲的稅關有關㊿。過去街坊登山，總以此處為休憩點；也是孩童的樂園，在塔樓半圓窗戶位置不斷爬出爬入，或在通向已倒塌二樓的石樓梯上跑跑跳跳。甚至曾見新人在石梯拍婚照，立下愛的里程碑。可惜觀測台日久失修，牆身有多道裂縫與大量塗鴉。觀測台於 2009 年末獲列為一級歷史建築，其後被圍封。

## (B) 將軍澳風物汛

「汛地」在明清時期意指軍隊駐防之地。60 年代，港府在調景嶺山上興建警署俯瞰全村。[8] 1996 年平房區清拆，區內普賢佛院[9]被安排搬進舊警署。近年政府收回舊警署並活化成歷史風物資料館；鄰近的舊警署員工宿舍，亦改建為旅舍「靈風雅舍」。[10]

風物汛盡力重現警署舊貌，館內展板訴説調景嶺村的緣由與發展至拆卸，更有七個形狀和顏色不一的信箱，藏着館內最詳細貼地的村民分享；另設茶室即場炮製輕食。

補充過能量，離開風物汛，下了梯級，轉右沿山路走。沿途路面平坦，車流稀疏，吸引不少山下居民於此散步。

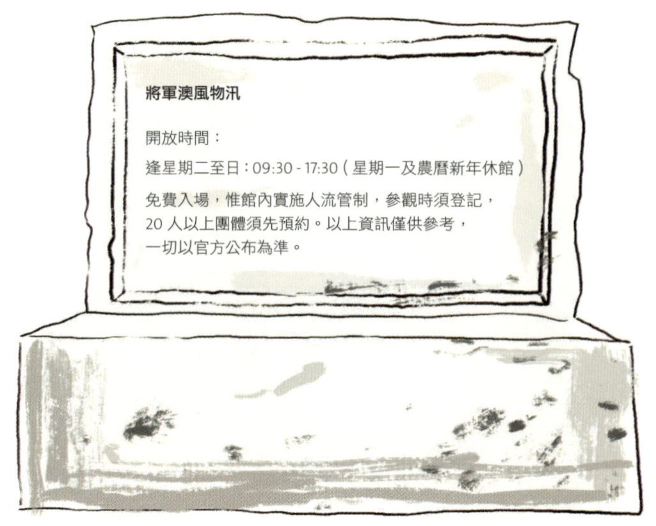


[8] 計超（2013）。《荒原上的遺民——調景嶺的滄桑歲月與愛的軌迹》。香港：印象文字。

[9] 普賢佛院是香港首間開山建廟的藏傳佛教寺院。詳見陳銘智（2016 年 8 月 12 日）。〈普賢佛院被逼遷　住持去年燒手抗議　今每日中聯辦前念經苦修〉。《香港 01》網站。取自：https://www.hk01.com/article/36257。

[10] 遷離佛院引起爭議，但計劃終得落實。詳見陳銘智（2017 年 4 月 26 日）。〈西貢億元項目逼遷 60 年佛院建資料館　擬收集舊調景嶺人歷史〉。《香港 01》網站。取自：https://www.hk01.com/article/86889。

[11] 計超（2013）。《荒原上的遺民——調景嶺的滄桑歲月與愛的軌迹》。香港：印象文字。

來到一處溪澗，當初平房區就是利用五條山澗劃分區域。[11] 一如將軍澳另一座「後山」鴨仔山㊿，此處都有街坊特意搭喉取水，回家煮茶，復得返自然

荒廢的前區域市政總署西貢區防治蟲鼠組員工宿舍，現時內裏供奉着不同神祇。敬拜過後默然離開，餘下滿屋神佛保祐原生的生命

**挑戰**

這條究竟是甚麼路？一處山坡上藏有石碑，你能認出全文每一隻字嗎？

如今山路仍存，卻無法跨越時空接通過去的村落。政府把一部分調景嶺村劃入新市鎮發展範圍，侃侃而談要蓋公屋、蓋學校、蓋車站，卻先要在同一片土地拆房屋、拆學校、拆碼頭。不止建築，連「調景嶺」一名亦差點不獲保留，幸得時任區議員王國儀力爭，才得以保住中文地名，英文則採用音譯「Tiu Keng Leng」。[13]

[13] 丁新豹、汐爾、劉義章（2019）。《情繫調景嶺：二十個嶺上人的故事》。香港：三聯書店（香港）有限公司。

山體經過削平而變得陡峭光禿，曾經在此出現的房子及街道大多消失不見。唯有抓住身邊零碎的殘餘，盡力在腦海中建構印象，記住這座新市鎮瀕臨被湮沒的過去。

## 【Checkpoint：配水庫分岔點！向左走，向右走？】

向左 → 左轉調景嶺食水配水庫旁的階梯拾級而下，可在健明邨、彩明苑欣賞多個歷史主題的屋邨裝飾設計㉕。走畢此路線後，仍可繼續探尋更多歷史考察體驗。

向右 → 沿上坡路直走至獅子亭，此乃昔日調景嶺另一門戶；而再下澳景路則可返回九龍市區㊵。

延伸閱讀

1 林茵（2013 年 8 月 4 日）。〈調景嶺　寶島痕迹〉。《明報．星期日生活．街知巷聞》，S08 版。

2 林蔭（2007）。《日落調景嶺》。香港：天地圖書。

3 計超（2013）。《荒原上的遺民——調景嶺的滄桑歲月與愛的軌迹》。香港：印象文字。

# 53

# 邊城遺景——原始的海岸

文：黃仲亨｜攝：樊樂怡、黃仲亨

**從海面回望陸地，花崗石整齊地堆滿海岸線，後面是一米多高的石壆，再往後移，便見鋪設齊整地磚的平滑路徑。沿路一張張長椅供人歇腳，旁邊總有些花圃或草叢。有些路人在岸邊踱步，有些在遛狗，有些則在閒坐，這就是典型的香港海濱長廊。**

近年，全港各區都進行大大小小的海岸工程，把海濱長廊、橋樑、休憩設施等拼湊起來，再加設期間限定的打卡佈景，令城市各處的海濱變得幾乎一式一樣，變成城市規劃的標準配置，造成坊間俗稱的「海濱長廊化」，[1] 設計都大同小異，單調乏味，限制了人們對公共空間和生活方式的想像。

要跳出海濱長廊的束縛，就趁日落時分，到將軍澳的邊緣尋找原始海岸吧！從調景嶺向海濱方向走，再向西沿華永行人徑上山54，整片環繞將軍澳的大海收歸眼底，亦能眺望交錯的海上公路。走了幾分鐘後，左邊會有一個建了涼亭的休憩處，此處叢林對出就是岩岸及一片人跡罕至的無名沙灘。

抬頭一望，夕陽的暖黃渲染整片天空，風悄悄地吹動雲朵。前方高架馬路上，車輛頻頻呼嘯而過。這裏的景觀是獨特而新鮮的：架在海上的將藍公路層層交疊，蔚為奇觀；放眼望向右方橋下框住的遠方海岸，原來是柴灣一帶的風景。

左方岩岸立着一根神秘的方形石柱，那就是街坊口中的「白石柱」，坑口老漁民則稱之為「白筆」。[2] 有人推測它是航海標記，有人說是碼頭遺蹟，真相恐怕無從稽考。至於腳下的沙灘，則記載了上一代調景嶺人的歷史回憶。這裏曾是居民的世外桃源，在此流連玩耍、遊山玩水，或穿越山嶺採摘野果，或捕捉昆蟲。[3] 52時代變遷，調景嶺以至整片將

軍澳海灣已發展成為熱鬧的新市鎮，近年更有將藍隧道和跨灣大橋等大型基建落成，這片夾在公路間的小沙灘難得保留天然的海岸，遺世獨立。

遙望對岸，將軍澳工業邨以南是一片綠色的山頭，名為佛堂洲（英文舊稱 Junk Island），又稱佛頭洲，一個比白石柱灘更為偏僻的天然海岸，隱身在原是獨立海島的邊陲地帶。從將軍澳工業邨出發，沿駿日街前行，在香港貿易發展局展覽營運中心對出叢林間，有小路通往海邊的佛頭洲稅關遺址。由於路徑較為隱蔽並需要「細邊」，出發前必須做足資料搜集，切勿獨自前往，並要留意天氣狀況。

1 有關民間對海濱長廊的批評，可參考民間組織「拓展公共空間」的倡議：拓展公共空間（2016 年 4 月 23 日）。〈【聯署發聲】給香港政府的公開信——懇請不要把維港「海濱長廊化」〉。《獨立媒體》。取自 https://www.inmediahk.net/保育/【聯署發聲】給香港政府的公開信——懇請不要把維港「海濱長廊化」

2 葉輝（2017 年 3 月 31 日）。〈謝公路與白石柱〉。《信報》。取自 https://www1.hkej.com/dailynews/culture/article/1528310/謝公路與白石柱

3 同上。

1841 年香港開埠後，鴉片走私活動猖獗。清國的兩廣總督於是在同治七年（1868 年）下令於佛頭洲等幾處新界海岸設置稅關，對鴉片貿易抽取厘金。[4] 至 1898 年英國租借新界後，這些清廷設置的稅關便停止運作。1962 年曾有市民 [5] 發現部分遺蹟，但到了 1979 年古物古蹟辦事處到該處考察時，才發現四塊斷碑殘柜，拼湊後組成了一通完整石碑，上刻「德懷交趾國貢賦遙通」，下刻「稅廠值理重修」。[6] 同時，考察隊亦發現其他組件，確認該處是稅關遺址。1983 年，此處被列為法定古蹟，卻因日漸失修，成為了將軍澳的遺落之景。[7,8]

日落西山，平靜的海面上折散出一道光暈，與眼前的一片頹垣形成強烈對比。部分鐵絲網被海水淹浸，四周散落不少磚頭棄瓦，可見此處荒廢已久。海邊的棧道亦沿着裂痕碎開，斷斷續續分成了數截，已無法行走。昔日的渡頭已不復存在，只剩零碎遺件和石塊，卻仍有舢舨停泊。在此可以靜靜坐下欣賞日落，看着舢舨在汪洋大海中載浮載沉。在這荒蕪之地，時間好像流逝得特別緩慢，能完全放下城市的節奏，享受閒暇。

城市發展急速，往昔海岸的風貌早已隨海浪沖去，唯獨一些隱蔽的邊陲角落仍能無拘無束地親近大海。偶然能看到一個老人，滿頭銀髮，佝僂着身軀，卻仍然攀山涉水來到這片秘境，在世俗中享受片刻的寧謐。偏僻的城市角落，你可以整理雜亂的心靈，重新想像自己渴望的生活。

註：以上兩個地點都要經非正式沿海預小路前往，有些路段需要手腳並用地攀爬，有一定危險性，請自行斟酌。

[4] 中英於 1842 年簽訂《南京條約》，香港島遭割讓予英國。雙方於 1860 簽訂《北京條約》，進一步割讓九龍。因為到 1898 年，英國才租借新界，所以同治七年的時候，佛頭洲及其他新界地區，仍然由清國管轄。

[5] 時為教師、後任藝員的朱維德在當時發現了稅關部分殘缺石碑及石柱等，但政府沒有派人跟進。請見：〈香港估估吓：香港原來有個稅關遺址〉。《on.cc 東網》。取自 https://hk.on.cc/hk/bkn/cnt/lifestyle/20190807/bkn-20190807080016903-0807_00982_001.html

[6]「交趾國」是古時中國對越南的稱呼。交趾曾是中國的藩屬國，因此要向清廷納貢。

[7]〈香港估估吓：香港原來有個稅關遺址〉。《on.cc 東網》。取自 https://hk.on.cc/hk/bkn/cnt/lifestyle/20190807/bkn-20190807080016903-0807_00982_001.html

[8] 古物古蹟辦事處。〈香港法定古蹟 - 新界一西貢佛頭洲稅關遺址〉。取自 https://www.amo.gov.hk/tc/historic-buildings/monuments/new-territories/monuments_18/index.html

54

# 在市鎮邊陲的墳場

文：朱家健 ｜ 攝：朱家健、樊樂怡、陸曉嘉

**將軍澳有何地標？大家或者會馬上聯想到跨灣大橋、單車館、海濱等；至於位於邊陲的華人永遠墳場雖以將軍澳為名，卻因既定習俗、禁忌與文化影響而總被忽略。惟它獨特的歷史和文化價值，其實更值得被看見。**

## 墳場的落成背景

位於照鏡環山及炮台山（魔鬼山）山麓的將軍澳華人永遠墳場在 1989 年啟用，是將軍澳較早期落成的大型公共設施，亦是華人永遠墳場管理委員會轄下四個墳場中最新建成的一個。[1] 墳場雖冠以將軍澳之名，但多年來只可從油塘車路前往，將軍澳區內並無通道。2006 年，華永會決定開闢一條來往港鐵調景嶺站及墳場的行人徑，新路於 2012 年啟用；但除春秋二祭外，墳場一直人跡罕至。

《跨鶴僊遊圖》（局部）

## 殯葬空間設計

隨人口增長，本港對殯葬的需求亦日益增長。即使將軍澳墳場本已佔地甚廣，亦要經歷多次擴建，最先建成的是傳統土葬墓地，一列列依山而建的台階整齊地面向海港。墓地周遭設有不少花槽，為鋪滿石材與混凝土的灰色山頭增添一絲綠意。

墳場中央是 1995 年落成的靈灰安置所，由時任政務司孫明揚揭幕，建築設計糅合了華人文化與功能主導的現代主義建築風格。靈灰閣正門有一對威武石獅，入內兩側均是高達三層的中式壁畫《跨鶴僊遊圖》，正中央則掛着兩幅色彩活潑、由香港教育大學學生繪畫的《盼》及《始。終》。沿中軸步出戶外，可前往圓形的向海平台，在中式涼亭眺望大海。

[1] 華人永遠墳場管理委員會屬於法定機構，從 1913 年成立起，先後在香港仔、荃灣、柴灣及將軍澳興建了四個墳場。

從將軍澳華人永遠墳場可遠眺康城、釣魚翁以至鯉魚門海域及港島東一帶景色

香港大部分居民為着重「慎終追遠」的華人，遵照儒家傳統，依禮厚葬以盡孝道，重視讓先人「入土為安」。傳統文化認為火葬是「薄葬」，令人較難以接受。但自二戰後本港人口劇增，興建能安放火葬後骨灰的安置所，是其中一個應對土葬用地缺乏問題的主要辦法。

近年華永會積極推廣綠色殯葬

墳場範圍內最近建成的是一片紀念花園，該花園位於土葬區與馬路之間，分別於 2011 年及 2022 年由舊有墓地改建，用作花園殯葬。為應對本港長遠墓地不足問題，政府在千禧年前後開始推廣綠色殯葬，即在紀念花園及海上撒放先人骨灰。推廣多年後，現時市民對綠色殯葬的接受程度提升不少，華永會亦是設有紀念花園設施的其一非政府機構。

有別於靈灰閣，第一期紀念花園不帶中式元素，設計簡約，並以寧靜庭院為設計理念，期望營造與自然融合的氛圍。[2] 第二期以「生命月台」為主題，設有用作撒灰的「路軌」，月台牆壁則放置紀念碑。紀念花園環境優美，因設計更着重的是到訪者的體驗。花園內亦設有安葬流產嬰兒的寧馨園，相比舊時流產嬰兒只被當成醫療廢物處理，這個安排正視作為父母所感的傷痛，為他們帶來慰藉。

將軍澳華人永遠墳場不同部分的設計亦反映了殯葬方式和文化的演變。隨着社會氣氛日趨開放，死亡不應繼續成為禁忌。縱使時至今日，因應文化、城市規劃等各種因素，華人社會整體仍未如西方社會一般，會視墳場為公園一般的散步場所，但殯葬服務提供者近年均致力把墓地、靈灰閣等設施，從生命「終站」轉化為生死教育的「窗口」，換一個角度，把華人慎終追遠的精神發揚光大。

[2] 華人永遠墳場管理委員會網站。取自：https://www.bmcpc.org.hk/tc/about/gallery/photo_html/tko/index_id_21.html。

| 葬於將軍澳墳場的名人 | | |
|---|---|---|
| 除非拜祭祖先，一般人很少造訪將軍澳華人永遠墳場。但其實墳場是一個讓人可了解香港發展的地方，而一些曾在香港叱吒一時的人物，離世後安葬於此。 | | |
|  |  |  |
| **黃家駒**（1962–1993） | **陳百強**（1958–1993） | **杜葉錫恩**（1912–2015） |
| 香港著名歌手，樂隊 Beyond 的主唱；代表作有《光輝歲月》、《海闊天空》等。1993 年 6 月，他在日本拍攝節目時發生意外重傷，六日後離世。終年 31 歲。 | 香港著名歌手，代表作有《深愛著你》、《今宵多珍重》等。於 1992 年 5 月，他在家裏被發現昏迷不醒，17 個月後離世，終年 35 歲。 | 香港政治人物和社會運動家。生於英國，1949 年移居香港。曾擔任立法局和市政局議員多年。在殖民時期致力為市民爭取福祉、打擊貪污。她在 2015 年離世，享年 102 歲。 |

參考資料

Teather, E. K. (1998). Themes from complex landscapes: Chinese cemeteries and columbaria in urban Hong Kong. Australian Geographical Studies, 36(1), 21-36. https://doi.org/10.1111/1467-8470.00037

Teather, E. K. (1999). High-rise homes for the ancestors: Cremation in Hong Kong. Geographical Review, 89(3), 409. https://doi.org/10.2307/216158

Wah, C. Y. (2016). Where to die? Death management and the politics of death space in Hong Kong. Religion, Place and Modernity, 312-342. https://doi.org/10.1163/9789004320239_013

攝：司徒曉晴

N5127

東華小學
秀娛樓

Tseung Kwan O
ports Centre
24 hrs
全日
LALAMOVE

望左
LOOK LEFT
LOOK RIGHT
望右

POH 80th Anniversary Tang Ying Hei College
鄧

身體健康一生平安

VA 1579

Hang Hau
坑口
Industrial Estate
工業邨

# 《將軍澳，可以這麼說》

香港賽馬會社區資助計劃 – “創不同”學院
在地研習室｜將軍澳，可以這麼說

## 策劃團隊

陳敏婷
樊樂怡
梁瑋庭
凌濼軒
黃家儀

## 節目主持

張希雯
黃宇軒

## 嘉賓主持

施佩吟

## 社區伙伴

世界之約

## 分享嘉賓

自強協會
陳碧琪
林兆榮
呂嘉俊

## 攝影

陳朗熹

## 影片拍攝及製作

劉德城

## 參加者

陳雋言
陳舒琳
鄭穎茵
張詩淇
蔡嘉濠
周頌天
朱家健
丁旭峰
方琮聲
方泳婷
李嵐
凌以正
陸曉嘉
伍浩賢
佘汶慧
司徒曉晴
杜詠晞
蔡家亮
王俊喬
黃仲亨
黃尹莊

## 作者

「在地研習室｜將軍澳，可以這麼說」
參加者、節目主持及策劃團隊

## 編輯

張希雯
蔡嘉濠
樊樂怡
方琮聲
凌以正
杜詠晞

## 感謝以下人士／機構提供協助

政府新聞處
康樂及文化事務署
劉永康 @ 康港劉影
梁瑋鑫
謝冠東
東九龍鸚鵡之友
「有營市集」義工團
Grassroots O2
Lawson Solution
LeeYiuTung
seaonweb
Wpcpey

## 出版

字字研究所
wordbywordltd@gmail.com

## 設計

flip & roll

## 插畫

勞顯傑

## 出版日期

2024 年 4 月

## ISBN

978-988-75005-7-5

## 創不同協作

MaD（Make a Difference）創不同成立於 2009 年，是一個結合思考和行動的地區性協作平台。MaD 以跨界合作、共創、同理心及永續發展為核心價值，支持本地創意生態的長遠發展，積極推動年輕人以創新方法探索及回應當代挑戰，建立創意公民社會，帶來正面改變。

www.MaD.asia | MaD Asia | @mad_asia | ask@mad.asia

## 關於香港賽馬會社區資助計劃 – “創不同”學院

由創不同協作主辦、香港賽馬會慈善信託基金捐助的香港賽馬會社區資助計劃 – “創不同”學院，多年來致力連結本地及海外的各界伙伴，策劃多項跨界、創新、具社會意識及強調行動的學習經驗，與公眾深入探索社會議題，同時建立一個充滿創意和行動力的學習社群。

主辦

捐助機構